脱・高収入貧乏

永田智睦
NAGATA TOMOCHIKA

幻冬舎MC

脱・高収入貧乏

はじめに

今の日本の課税制度は、収入の高い人に対してあまりにも厳しくなっています。

高所得者を狙い撃ちにするような税制改正が続き、年収1000万円の人でも税金や社会保険料を引いた手取りは700万円台前半となっています。加えて所得制限のある児童手当や就学支援金、高額療養費なども十分に受けられず、まさに踏んだり蹴ったりです。

年収1000万円超えといえば今なお多くの人に羨まれる存在であり、高い収入を得るために相当な努力をしているはずですが、残念ながら思い描いていたほど理想的な生活を送れていないのが実情なのです。そのため高所得者への高額な課税に対しては、資産運用を中心とした適切な節税策を講じていかなければなりません。

しかし実際は、自分の生活に関わる収支について正しく把握できていないため、節税策となるような効果的な資産運用ができていません。それどころか、なかには年収1000万円にあぐらをかき、「お金はいつか貯めよう」と安易に考え収入のほとんどを使い切っている人もいます。

この状態を続ければ、一生お金の不安を抱えることになってしまい、突然の病気や失業といったリスクに無防備であるうえ、ゆくゆくは老後の生活資金が不足してしまう可能性さえあります。正しいお金の使い方、育て方を知らなければ「年収1000万円あるから将来安泰」とは決していえません。

私は大学卒業後に信用金庫に約6年勤務し、今は独立系ファイナンシャルプランナー（FP）として活動しています。独立系FPとは、どこの企業にも属することなく個人のお金に関するサポートを行い、一人ひとりに合う投資方法や保険などを幅広く提案する仕事です。

顧客の多くはいわば「高収入貧乏」の人がほとんどです。年収1000万円を超えているものの、無駄な保険に入っていたり、稼いだお金のほとんどを毎月使い切ってしまっていたりで、まとまった貯蓄もなく、十分な資産形成ができていない人たちです。私はこれまでそうした人たちに、ライフプランの設計からそれに合わせた投資や保険についてのアドバイスをしてきました。

しかし、私のようなFPの存在だけでは資産形成を成功させることはできません。大事なのは、本人がマネーリテラシーをもつことです。高収入でも生活が苦しくなるのも、収入が低くても生活に余裕があるのも、マネーリテラシーの有無次第ということです。

マネーリテラシーを身につけるための第一歩は家計の把握から始まります。

まずは家計のどこに問題があるのかを把握するために収支管理を行い、毎月少しでも余剰資金を生み出したら、そのお金をどこに預けるのかを考えることが大切です。

あとはライフステージなどに合わせて常に貯蓄が計画どおりに進んでいるか、変更する必要があるかを見極めていけば、必ず高収入貧乏から脱出できます。

本書を読み進めていけば、基本的なマネーリテラシーが身につき、自身のライフプランに沿った資産形成ができるようになるはずです。

それにより読者が「高収入貧乏」から抜け出し、豊かな生活を送っていただくことができれば著者として望外の喜びです。

目次

第1章 年収1000万なのに貧乏人が続出中⁉

第2章

押さえておくべき〝お金との向き合い方〟

お金に好かれるも嫌われるも自分次第！

第３章

税金、保険、ローン……貯蓄なしの原因を洗い出す
年収１０００万円からの家計管理

第4章

中長期を見据えてお金を3つに分けて投資する！
年収1000万円からの理想の資産形成

第5章

ライフステージに合わせて投資計画を変更する力を身につける

年収1000万円からの「お金のPDCAサイクル」

第1章

年収1000万なのに貧乏人が続出中!?

年収1000万円でも貯蓄なし？高所得貧乏に陥る理由

年収1000万円といえば、日本では一般的には高所得とされる水準です。国税庁の「令和2年分 民間給与実態統計調査」によると、年間給与が1000万円を超える人は、全体の約4％、厚生労働省がとりまとめた「2021年 国民生活基礎調査の概況」では、年収1000万円を超える世帯が全体の12・7％となっています。

しかし年収1000万円超えの人であっても、実は十分な資産を蓄えることができていない人は少なくありません。

金融広報中央委員会による「家計の金融行動に関する世論調査［二人以上世帯調査］令和3年調査結果」では、年収1000万円〜1200万円の二人世帯の金融資産額が明らかになっています。これを見ると、資産2000万円未満が約59・2％、1000万円未満は35・4％です。資産200万円未満の割合も一割程度との結果が出ています。

年収1000万円を超える層では、それなりに金融資産がある人もいる一方で、収入に

【図表1】所得金額階級別世帯数の相対度数分布

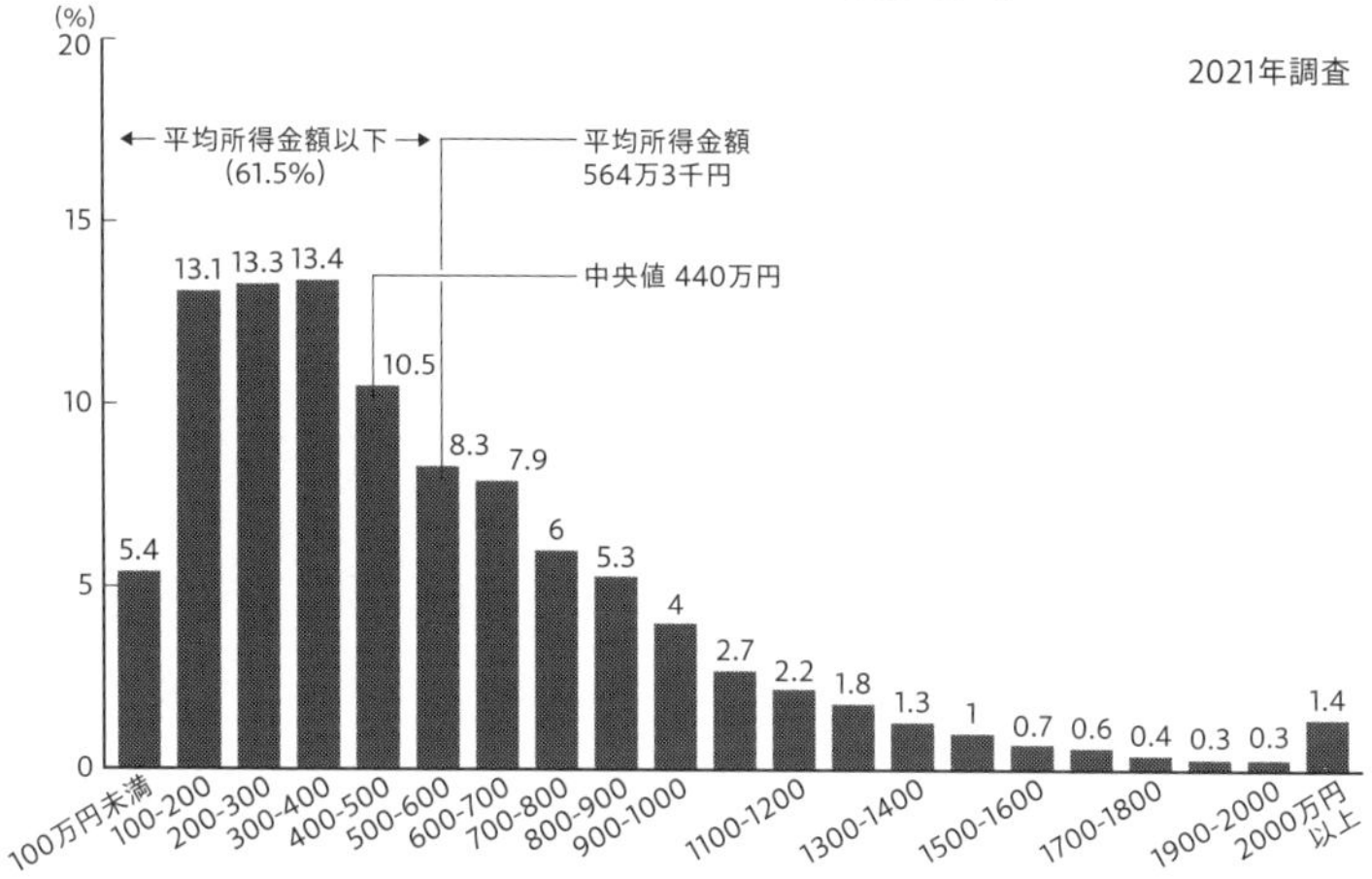

出典：厚生労働省「2021年 国民生活基礎調査の概況」

対する資産が少ない人もいるという現状は、単に無駄遣いが多い、貯金が下手であるといったことだけが理由であるとは考えられません。近年、銀行の金利が低水準を続けているなかで、マネーリテラシーを身につけずにただ貯蓄をしていくだけで金融資産を増やしていくことは難しくなっているのです。反対に同じ収入でも資産を増やすことができている人はマネーリテラシーが高く、資産形成のために上手に投資や節税をして資産を増やしています。

いまだに低い日本人のマネーリテラシー

金融広報中央委員会が公表した「金融リテラシー調査（2022年）」の結果を見ると、日本人のマネーリテラシーがそれほど高くないことがうかがえます。日本はOECD（経済協力開発機構）の調査参加国26カ国の平均値を下回る水準となっていたのです。日本はGDPが高いにもかかわらず、他国よりもマネーリテラシーが低いのは不可思議な気もしますがこれが現実です。こうした実態を受けて国も貯蓄から投資へとの考えの基、近年はNISAの恒久化などの検討も始まっています。銀行に預けておくだけで資産形成ができていた時代の考えから脱却する必要があるのです。

日本人のマネーリテラシーを高めるべく、2022年4月からは高校の家庭科で金融教育が始まりました。高等学校学習指導要領を読むと、家計管理や金融商品の特徴、老後の備え、商取引のリスクなど、具体的な生活に関連する知識が織り込まれています。こうした方向性は次世代のマネーリテラシーを高めることに貢献する良い取り組みだと考えられます。

【図表2】OECD調査[※1]との比較

OECD調査参加国のうち上位10カ国と日本を比較すると、比較可能な正誤問題の正答率（知識面）では「インフレ」、「分散投資」が、行動面では「お金への注意」が見劣り。知識・行動の合計では24カ国のうち第8位に相当。

	日本	調査参加国平均	1 香港(中国)	2 オーストリア	3 スロベニア	4 ロシア	5 エストニア	6 タイ	7 ポーランド	8 ドイツ	9 ジョージア	10 マレーシア
合計	62.5	62.7	79.1	73.0	69.8	68.4	67.4	66.2	65.3	62.4	62.3	61.8
知識	59.1	59.5	86.9	73.9	64.7	64.8	65.7	52.0	69.8	67.8	57.6	54.8
①金利	68.0	57.1	95.9	78.6	30.5	74.2	66.4	71.4	71.2	62.6	43.5	42.9
②複利[※2]	38.8	26.3	71.1	49.0	39.3	35.0	36.7	29.1	36.5	40.0	23.6	24.8
③リスクとリターン	75.2	77.1	93.3	91.7	71.7	77.1	77.5	59.2	86.7	80.2	79.3	77.6
④インフレ	63.3	78.0	94.3	88.9	80.5	68.4	86.1	53.2	83.0	85.2	87.4	76.5
⑤分散投資	5.02	58.9	79.7	61.3	71.3	69.4	61.7	47.3	71.4	70.8	54.2	52.1
行動	66.7	66.6	69.5	71.8	76.2	72.8	69.5	84.0	59.6	55.6	68.1	70.6
①支払い期限の遵守	85.0	79.4	83.9	84.5	90.4	81.0	95.1	82.3	77.9	50.4	90.0	67.4
②お金への注意	58.6	67.2	74.9	83.2	84.1	75.9	73.2	86.3	59.4	53.9	71.4	71.5
③余裕の確認	72.6	71.1	63.2	66.4	72.9	80.4	69.9	94.8	57.7	66.0	70.6	77.5
④長期計画の策定	50.4	48.8	55.8	53.1	57. 5	54.0	39.7	72.4	43.5	52.1	40.4	66.0

※1　前回調査は29カ国、今回は26カ国（うち2カ国は非回答項目があり合計順位からは除外）が参加。
※2　「金利」および「複利」の両方の設問に正答した人の割合

出典：OECD/INFE　“2020 International Survey of adult Financial Literacy”：調査の実施時期は国によってさまざま、公表は2020年　金融広報中央委員会「金融リテラシー調査（2022年）」

しかし一方で危惧されるのは、金融教育を受けてこなかった世代が放置されている点です。日本で今働いている人たちは、お金の基本的な知識を身につけることなく社会に出た人が大半ですから、ここに問題は残っています。

日本の未来を担う子どもの金融教育ももちろん大切ですが、老後を年金だけに頼ることが心配になってきている現役の世代も考え方を変えなくてはなりません。

「自分のお金」を知らない

年収が高いにもかかわらず、マネーリテラシーが低く資産があまりない人を指して、本書では「高収入貧乏」とします。なぜそのようなことになってしまうのか、それぞれに事情や状況は異なりますが、比較的多くの場合に当てはまる共通の問題点が存在していることは明らかです。

最も多く見られる共通点は、自分のお金を管理できていないことです。自分が何にお金を使っているのかを把握できておらず、資産形成に取り組むどころではありません。私はオンラインサロン加入者に対して随時コミュニケーションを取るようにしており、自分で管理する癖がつくまでは誰かのサポートが必要であることを日々実感しています。

お金の管理ができるようになれば、家計簿をつけたり、家計管理アプリを利用したりして、きちんと家計からのお金の出入りを把握することになります。したがって、自然と無駄遣いが減り余剰資金で投資をするようになります。私が直接ライフプランなどを提案している顧客には年収1000万円を超えている人が多く、お金に対して問題意識をもっているからこそ相談に来るのですが、やはり完璧にお金の管理ができている人は一人もいませんでした。

これには年収が高いということがお金の管理に意識を向ける邪魔をしてしまっている場合があります。反対に所得の低い人は自然と節約ができている傾向があります。収入に限りがあることを自覚しているため、収入の範囲以内に収めようという意識が働くからです。手取りが20万円だから、家賃や食費などを払ったら10万円しか使えないといったようにイメージしやすいので、出費を控えようと意識した結果、お金の管理ができていることにつながるのです。

もちろん年収が低い人のほうが、目先の支払いなどに精一杯になってしまい、投資まで意識したお金の管理をできない場合はあります。しかし高収入であるにもかかわらず、自分のお金を知らないために投資への意識が向かないのは問題です。年収1000万円クラスになると、お金が足りなくなるはずがないと思い込みがちです。そのため、ちょっといい物を買いたい、エステでお金を使おうといった形で無駄遣いが増えてしまい、可処分所得を投資に回そうといった意識にはつながりづらい傾向があります。それどころか使い込み過ぎて、思いのほか家計を圧迫しているということがあるのです。

本当に生涯お金のことを考えなくてもいいくらいの桁外れな大富豪なら自分のお金を管理する必要はないですが、年収1000万は現在の日本で高収入層であるとはいえ、お金の管理をおろそかにしてはいけません。高収入層をターゲットにした「ワンランク上の」商品やサービスが周辺に溢れているのですから、財布のひもはしっかり締めておかないとたちまち高収入貧乏に陥ってしまいます。

税金と社会保障費が年収1000万円前後を狙い撃ち

少子高齢化に加えて、日本は財源不足の問題を抱えています。年金をはじめとした社会保障費の増大などの影響で歳出が増える一方で、税収では十分にまかなえず赤字国債の発行を続けています。

そうしたなか、日本政府は近年、明らかに高所得者狙いとみえる増税をいくつか行いました。例えば2018年の改正では年間所得900万円超の人の配偶者控除・配偶者特別控除の引き下げが、2020年の改正では年収850万円超の人の給与所得控除の引き下

【図表3】一般会計税収、歳出総額および公債発行額の推移

わが国財政は歳出が税収を上回る状況が続いています。その差は借金（建設公債・特例公債）によってまかなわれています。

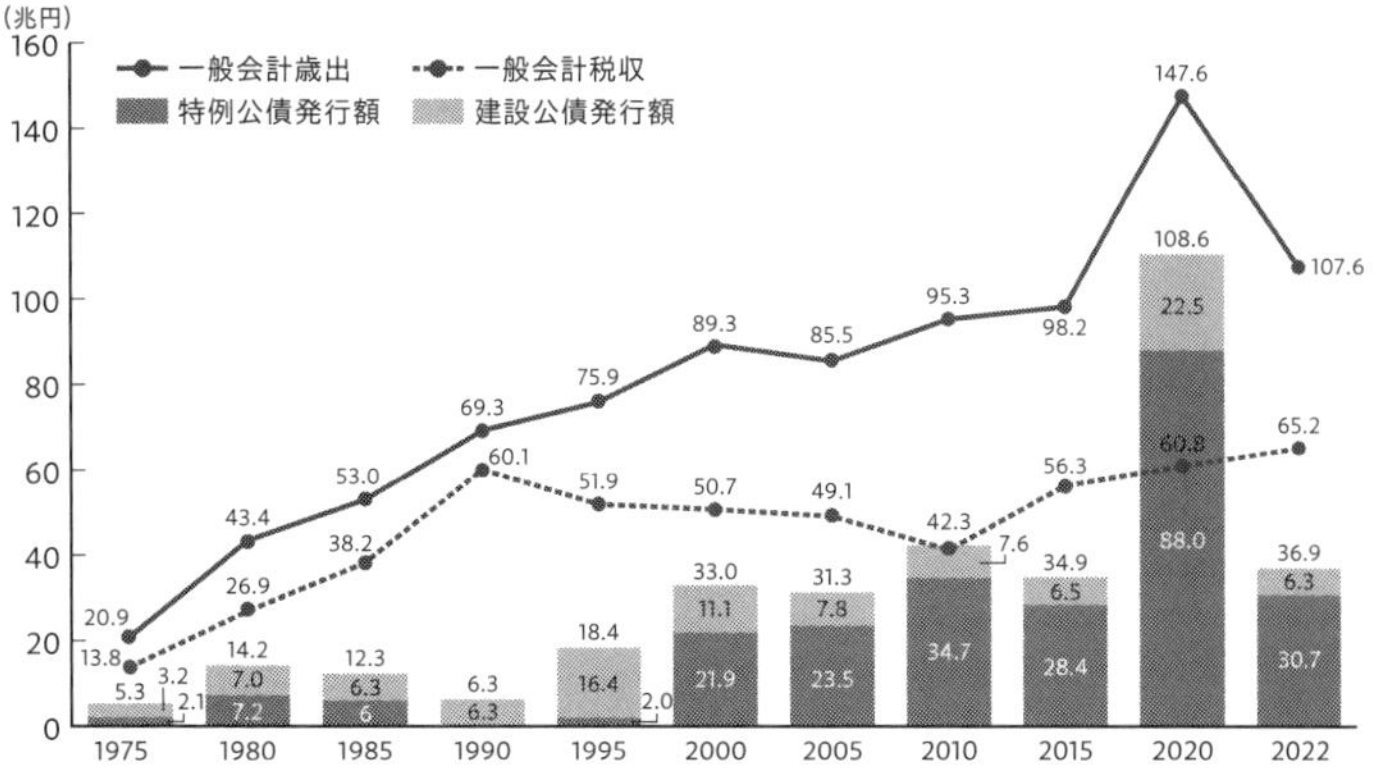

注１）2020年度までは決算、2021年度は補正後予算、2022年度は予算による。
注２）特例公債発行額は、1990年度は湾岸地域における平和回復活動を支援する財源を調達するための臨時特別公債、1994～1996年度は消費税率３％から５％への引き上げに先行して行った減税による租税収入の減少を補うための減税特例公債、2011年度は東日本大震災からの復興のために実施する施策の財源を調達するための復興債、2012年度および2013年度は基礎年金国庫負担２分の１を実現する財源を調達するための年金特例公債を除いている。

出典：財務省「財政に関する資料」

げが行われました。また、節税効果の高い住宅ローン控除にこれまで設けられていた「年間所得３０００万円以下」という条件が、２０２２年から「年間所得２０００万円以下」になるなど、やはり高所得者狙いの増税が行われています。

　税金だけでなく、社会保険料の負担も高所得者にとっては考えなくてはならない問題です。健康保険や厚生年金の保険料は、給与や賞与に基づく「平均報酬月額」に一定の率を掛けて計算しますが、この率が高く

なっているのです。

例えば協会けんぽ（政府管掌健康保険）の健康保険料率は、１９４７年は３・60％でしたが、現在は10・00％となっています。厚生年金の保険料についても、２００４年10月から毎年０・３５４％引き上げられ、２０１７年９月以降は18・３％となっています。

税金や社会保険料の負担を加味すると、年収１０００万円のサラリーマンの手取りは概算で７００万円ほどになる計算です。

【シミュレーション（配偶者を扶養している場合）】

・所得税　１０００万円－給与所得控除１９５万円－（基礎控除48万円＋配偶者控除38万円＋社会保険料控除１２０万円）×税率20％－控除額42万７５００円＝約77万円

・住民税　１０００万円－給与所得控除１９５万円－（基礎控除43万円＋社会保険料控除１２０万円＋配偶者控除33万円）×10％＋均等割５０００円＝約61万円

・社会保険料　40歳以下では約１２０万円、40歳以上になると介護保険料が加算され約

130万円

税金や社会保険は、社会的コストといえるもので、日本で生活する以上、避けては通れません。ある程度負担が掛かっても生活に支障をきたさないほどのお金が十分にあるならともかく、年収1000万はその段階には至らず、また控除も得られないということで、最も負担が掛かる厳しいラインに立たされているのです。このことを認識せず、ただ年収1000万円という聞こえのいい数字に油断していると、実際に使えるお金が思いのほか少ないことを見過ごしてしまい、資産形成が遅れます。現実に自分が立たされている状況を正しく把握して、収支を適切に管理する必要があるのです。

生活水準は一度上げると下げられない

収入に対する税金や社会保険料が増え、児童手当などの給付も削減されていることから、年収1000万円クラスの人でも何かしらの対応が必要です。ここで多くの人が最初に思いつくのが、生活費を節約することだと思いますが、これは簡単なことではありません。

経済学の理論の一つに、「ラチェット効果」というものがあります。これは収入が減少したとしても、簡単に消費を減らせないという理論です。ラチェットはボルトを締める工具の名称で、一方向にしか回せないようになっています。スパナと違って締めるたびに一度ヘッドボルトから外して位置を戻す必要がなく、締めたあと逆方向に戻せば空回りするのでスムーズに締め続けることができます。逆にいうと、そのままの状態ではボルトを反対方向に回したいと思ってもできないということです。この一方向にしか回らない、戻せないという特徴を消費に置き換えて、いったん増やしたら元に戻すのが困難だという事象を指しています。

もちろん節約を心掛けること自体はいいことですが、過度に生活レベルを落とすのは禁物です。無理なダイエットと同じで、心身の負担をいたずらに増やした挙げ句に三日坊主に終わり、「リバウンド」する恐れすらあるのです。生活水準をできるだけ落とさずに出費を抑えるには、あまり生活に影響しない保険料などを整理して無駄を減らしたり、投資を適切に活用したりしていくことが選択肢になりますが、保険についてはよく分からないので面倒だと考えたり、投資は危ないと思い込んだりしているために、より分かりやすい食費や娯楽費などで極端な節約をしようとして失敗に終わるのがよくあるパターンです。

外食、旅行、子どもの養育費……高収入層ほど出費がかさむ

高収入貧乏の典型的なパターンとしてはもう一つ、「いつか」貯金すれば大丈夫だと考えて現在の無駄遣いを振り返らない人たちがいます。年収が1000万もあるのだから、その気になれば必要なお金はつくれる、今はまだ大丈夫だというわけです。しかし、人生のどのステージでも、これまでより必要なお金が急に減るということはほとんど考えられません。ラチェット効果の例からしても、これまで無頓着に消費してきた人が、必要を感じたときに突然無駄遣いをやめてお金を貯め始めるということが現実的でないのは目に見えています。

また、収入が高い層ほど、生活以外の部分での出費が高くなる傾向があります。日本銀行調査統計局の「2022年第2四半期の資金循環」のなかに、年収を5階級に分けたうえで収入に対する支出の割合を集計した資料があります。このうち「教育」に着目すると、2018年で第I階級・第II階級（低収入層）で支出の割合がそれぞれ3・6%と4・5%

【図表4】消費支出の費目別年間収入階級別構成比

	総数			第Ⅰ階級			第Ⅱ階級		
	5年	18年	差	5年	18年	差	5年	18年	差
消費支出	100.0	100.0	0.0	100.0	100.0	▲0.0	100.0	100.0	▲0.0
食料	23.9	22.2	(▲1.7)	27.1	24.9	(▲2.2)	25.9	23.1	(▲2.8)
住居	6.2	7.0	(▲0.9)	9.4	10.7	(1.2)	7.1	9.1	(1.9)
光熱・水道	5.4	7.1	(▲1.7)	6.5	8.8	(2.3)	5.9	7.7	(1.8)
家具・家事用品	3.7	3.1	(▲1.6)	3.8	3.1	(▲0.7)	3.7	3.1	(▲1.7)
被服および履物	6.3	4.4	(▲1.9)	5.6	4.0	(▲1.6)	6.0	4.0	(▲2.0)
保健医療	2.8	3.7	(0.8)	3.5	4.1	(0.6)	3.2	3.8	(0.7)
交通・通信	10.8	14.5	(3.6)	10.4	14.1	(3.7)	11.0	15.7	(4.8)
教育	4.9	5.5	(0.6)	3.2	3.6	(0.4)	3.8	4.5	(0.7)
教養娯楽	9.7	9.6	(▲0.1)	8.9	8.2	(▲0.8)	9.8	9.0	(▲0.8)
その他の消費支出	26.2	22.9	(▲3.3)	21.5	18.6	2.9	23.6	20.0	(▲3.6)

	第Ⅲ階級			第Ⅳ階級			第Ⅴ階級		
	5年	18年	差	5年	18年	差	5年	18年	差
消費支出	100.0	100.0	(▲0.0)	100.0	100.0	(▲0.0)	100.0	100.0	(▲0.0)
食料	24.3	22.7	(▲1.6)	22.8	21.0	(▲1.8)	19.5	19.3	(▲0.2)
住居	6.0	6.0	0.0	4.4	4.9	(0.5)	4.0	4.6	(0.6)
光熱・水道	5.3	7.2	(1.9)	5.0	6.5	(1.5)	4.4	5.5	(1.1)
家具・家事用品	3.5	3.2	(0.3)	3.6	3.1	(▲0.4)	3.9	3.1	(▲0.8)
被服および履物	6.1	4.4	(▲1.7)	6.7	4.5	(▲2.1)	7.4	5.1	(▲2.3)
保健医療	2.7	3.7	(1.0)	2.4	3.4	(1.0)	2.3	3.3	(1.0)
交通・通信	10.8	15.8	(5.0)	10.8	13.7	(2.9)	11.0	12.8	(1.8)
教育	5.7	5.1	(▲0.6)	5.9	7.0	(1.2)	5.9	7.2	(1.3)
教養娯楽	10.4	9.9	(▲0.5)	9.6	10.6	(0.9)	9.9	10.5	(0.6)
その他の消費支出	25.2	22.0	(▲3.2)	28.8	25.2	(▲3.6)	31.7	28.5	(▲3.1)

出典：日本銀行調査統計局「2022年第２四半期の資金循環」

であるのに対し、第Ⅳ階級・第Ⅴ階級（高収入層）ではそれぞれ7・0％と7・2％と明らかな違いが見られ、また2005年と比較するとその差は拡大しています。「教育娯楽」においても、それほど極端ではありませんが同様の傾向が見られます。

これらの支出は増やそうと思えばいくらでも増やすことができるもので、収入があればあるだけ支出は増やしたくなるものだということです。高収入だからいつでもお金を貯められるというのは、現実に即した考え方とはいえません。

さらに、仮に節約ができたとしても、ただ貯めるだけでは不十分です。増税などで可処分所得が減る一方、給与水準が上がらない今の日本では、今あるお金を増やすことをしていかないと、相対的に資産が減っていくばかりなのです。

資産形成ができている人とできていない人で二極化

家計のお金を預金のままで置いておくことは、投資で得られたはずの利益を捨てているようなものです。比較的リスクが低く安定している投資信託で年率4％程度のリターンを得ることはそれほど難しくないですが、預金にすることでこのリターンの分をみすみす機会損失していることになります。

あまりマネーリテラシーがない人は、儲かっても4％程度なら預金でいいと考えがちなのですが、それは間違いです。

投資のリターンは「複利」により計算されます。複利とは、運用で得た収益を元本にプラスして再投資することで、利益が利益を生むことを意味します。雪道で雪玉を転がして

【図表5】年率の違いと利益の差

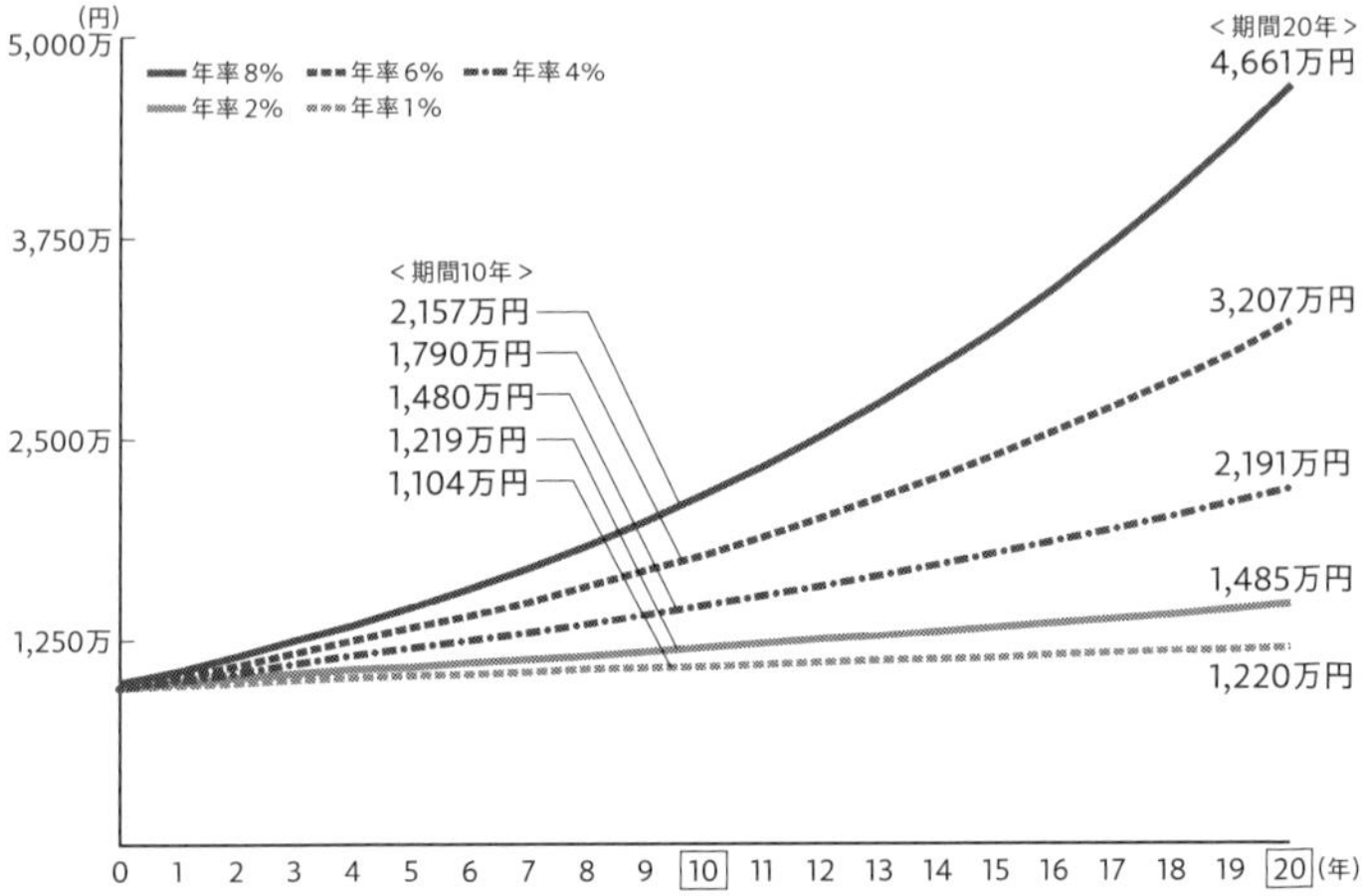

著者作成

いると、大きくなるスピードがどんどん速くなるのと同じイメージです。

たかが年利４％と思うかもしれませんが、複利で長期投資をすると、想像以上の利益を得ることができます。図表５は１０００万円を20年間投資した場合、年率によってどれくらい利益が変わるかを示したものです。

年率４％で投資をすれば、１０００万円以上もの運用益を手にすることができます。年率８％なら元本の１０００万円が４倍以上に増える計算です。運用期間がさらに30年、40年と続けられるのであれば、さらに利益が膨らんでいきます。

これが日本円の普通預金だと、一般的な

金利は0・001％なので、20年でつく利子はトータルで2000円です。50年待っても5000円しかつきません。

低金利は住宅ローンなどのお金を借りる人にとって助かるものですが、お金を増やしたい人にとってはデメリットです。預金信仰から抜け出し、お金の一部を投資に向けさえすれば利益を得られるわけですから、その事実に目を向けることが大切です。

これまでと同じように預金に資産を集中させている人と、正しい資産形成をできている人との間で、今後はますます二極化が進んでいくのは明らかです。最初はちょっとした差であったとしても、数十年という時間が経つにつれて、複利効果によって大きな格差が生まれてしまいます。

預金を投資に回すことに抵抗感がある人のなかには、預金なら少なくとも損はしないと考えている人が少なくありません。しかし、これは明確な誤りです。預金であっても損をする可能性はあり、昨今の日本の経済状況を鑑みると、むしろ損をする可能性が高いとさえいえます。

その理由の一つは、預金保険制度（ペイオフ）の問題です。日本では、預金を預けた金

【図表6】総合指数の動き

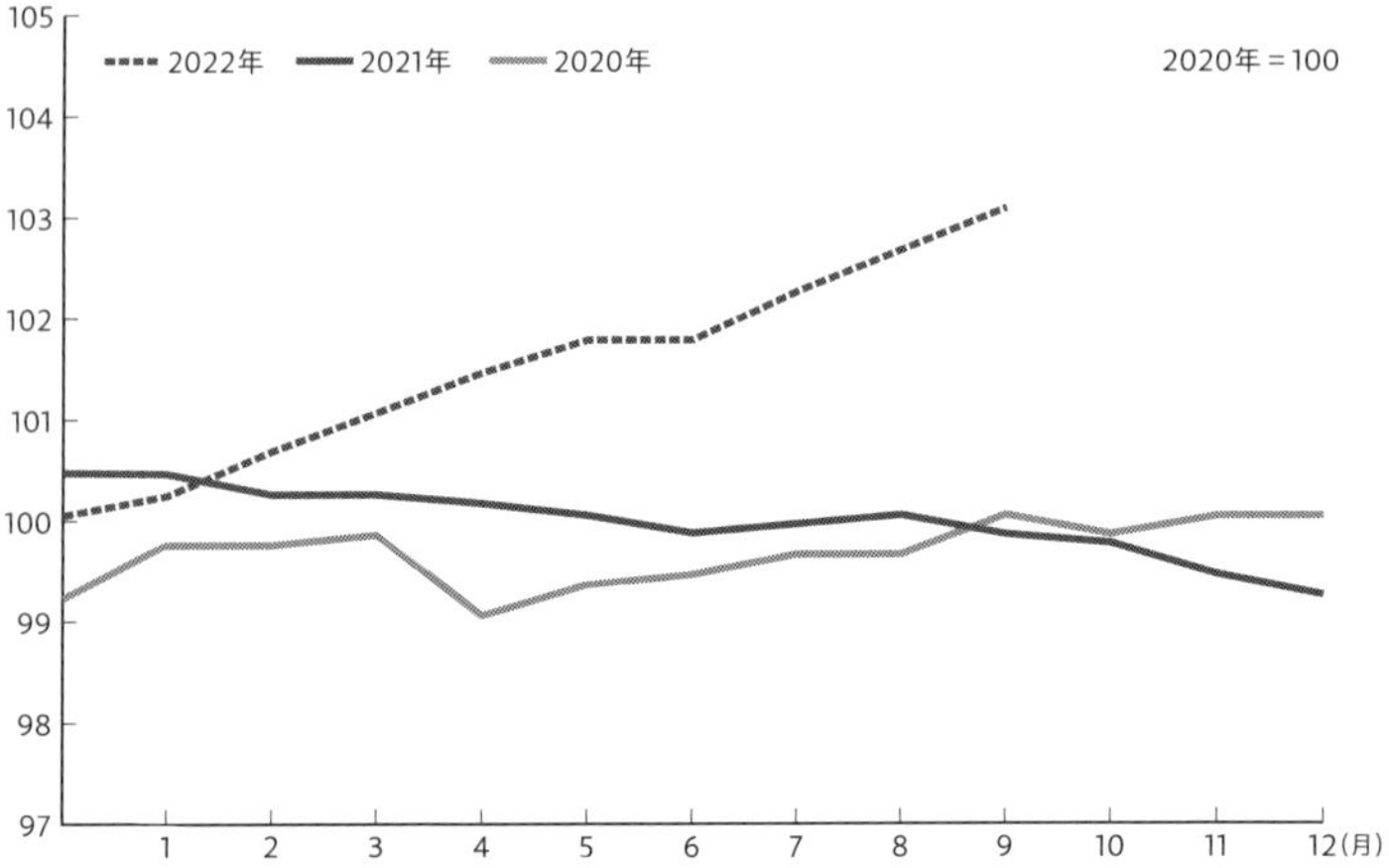

出典：総務省「2020年基準消費者物価指数」

融機関が破綻しても、ペイオフにより預金の保護を受けることができます。ところが、ペイオフにより保護される預金の基準は「１金融機関１預金者あたり、元本１０００万円までと、その利息等」と定められています。この基準を超える金額を預金していた場合、最低限補償されるのは、１０００万円と利息だけなのです。しかも、外貨預金などの一定の預金はペイオフの対象外なので、銀行が破綻するとお金が払い戻されません。

次に、インフレによる日本円の価値の目減りも懸念材料です。日本銀行は２０１３年１月、デフレからの脱却を目指して２％の物価上昇率を目標に掲げました。この目標は長らく達成されてこなかったのですが、2022年4月に達成し、以後連続して2%を超える物価上昇率が続いています。

インフレには賃金や預金金利の上昇につながる前向きな要素があるものの、一方で日本円の価値が下がっているという現実にも目を向けなくてはいけません。

日本の大多数の人、とりわけ日本円で資産を蓄えている人にとっては、物価上昇が死活問題ともなりかねません。現金や預金の額面はそのままで、物の値段が上がるということは、相対的に現金や預金の価値が減るということです。昨年まで1万円で買えていた物が今年は1万円では買えなくなるということは、自分がもっている1万円は、昨年までの1万円よりも「安く」なっているのです。そして銀行預金の利子では、今後の物価上昇によるお金の価値の下落を埋め合わせるにはまったく足りません。今1000万円の預金があるとして、10年後に1000万円が1000万1000円になっていれば少なくとも損はしていない、ということにはならないのです。

日本ではまだ物価上昇局面に入ったばかりなので、それほど大きな影響は感じないかもしれませんが、これが数十年と続くと、そのインパクトは計り知れません。

数十年もの物価上昇が続いたとして、その影響が家計のあらゆる支出に及ぶと考えると、家計における金融資産をいつまで経っても増えない預金に集中させて眠らせておくことがいかに危険かが分かるはずです。

資産の目盛りを防ぐには、少なくとも物価上昇率を超えるリターンを狙って投資をしなくてはいけません。具体的には、株式や投資信託などの、十分なリターンを期待できる金融資産に目を向ける必要があります。

「日本の財産は安全」という思い込み

経済のグローバル化が進む今、日本円と外貨との力関係が私たちの生活に直結するようになっています。

2022年に入ってから急速に円安が進み、ドルに対する日本円の価値が大きく下がっています。年初には1ドル115円ほどだったのが、10月末時点で150円に迫る勢いです。日本政府はこうした状況を受け、過去最大規模の為替介入を行い円安の進行を抑え込もうとしていますが、効果は限定的です。

円安になるということは、日本円をはじめ、国内不動産や国内株など、日本の財産の価値が相対的に落ちていくことになります。その影響はすぐに感じ取れないとしても、やがて物価上昇の影響を受けて、徐々に生活は苦しくなっていきます。

このまま円安が進めば、輸入品を中心にさまざまな商品やサービスが値上がりに向かうのが自然で、実際に複数のグローバルカンパニーが値上げを行いました。例えば米国のAppleは2022年7月に商品の一斉値上げを行い、そのあともサブスクリプションサービスの値上げを実施しました。このような状況が続けば、日本人に人気のiPhoneも、いずれ手が出せない商品になっていくと考えられます。

世界銀行による国ごとの購買力を比較する目安となる「世界の一人あたり購買力平価GDP」を見ても、日本が苦しい状況に置かれていることは明らかです。2021年のランキングを見ると、日本は37位であり、アジアのなかではシンガポール（2位）、香港（11位）、台湾（14位）、韓国（30位）よりも下位となっています。

こうした海外との物価の差を分かりやすく把握できる「ビッグマック指数」という指標があります。世界各国で販売されているビッグマックの価格を比較することで、日本がいかに「安い国」になっているのかを見ることができます。

2022年7月27日に更新された世界のビッグマック価格ランキングを見ると、1位はスイスで、なんとビッグマック一つで925円です。2022年11月現在の日本ではビッグマックは値上げされて410円になっていますが、このランキングが出た7月の時点では390円で、順位は第41位でした。40位のベトナム、42位のアゼルバイジャンの間です。ちなみに中国は490円（31位）、韓国は483円（32位）でした。

このランキングが出た2022年11月の為替レートは1ドルあたり約138円だったのですが、その後さらに円安が進んでいますから、日本のビッグマック指数のランクはさらに落ちていると予想できます。

通常は物価が上がることは経済成長の証しです。問題は物価が上がっているにもかかわらず、日本人の給料が上がる気配がないことにあります。このままでいると、たとえ収入レベルを維持できたとしても生活は苦しくなり、相対的に貧しくなってしまいます。

こうした危機的状況において、一つの答えとなるのが海外投資です。私はFPとしての仕事のかたわら、フィリピンで不動産業を手掛けています。そのためフィリピンにはたびたび出掛けるのですが、年々強く感じるのが物価の上昇です。この物価上昇が、フィリピンの不動産をもつ私にはプラスに働いてくれています。私の所有するフィリピンの不動産は、何もしていないのに日本円に換算した価値が1・5倍ほどに跳ね上がったのです。

日本では円安に対する悲観的な報道が多く見られます。確かに、日本の財産なら安心と思い込み、円建ての資産しかもっていない人にとっては心配な状況ですが、先立って海外で投資をしていた人にとって今はむしろ追い風です。

同じ金額の給料を得ていても、海外に目を向けるかどうかだけで個人の資産に大きな差をつけることができるのが現代社会です。良くも悪くも、そういう時代に私たちは足を踏み入れているのです。

いまだに資産を銀行預金に一局集中させる日本人

日本政府が２００３年に「貯蓄から投資へ」のスローガンを打ち出してから、早くも20年の月日が流れようとしています。現在は「貯蓄から資産形成へ」と表現が改められ、政府はさらなる規制緩和や税制優遇を推し進めていますが、日本人の脱貯蓄を達成するには至っていません。

２０２２年8月に日本銀行が発表した「資金循環の日米欧比較」によると、日本人が保有する現預金は１０００兆円を超え、家計に占める比率は54・３％に上ります。これは米

【図表7】家計の金融資産構成

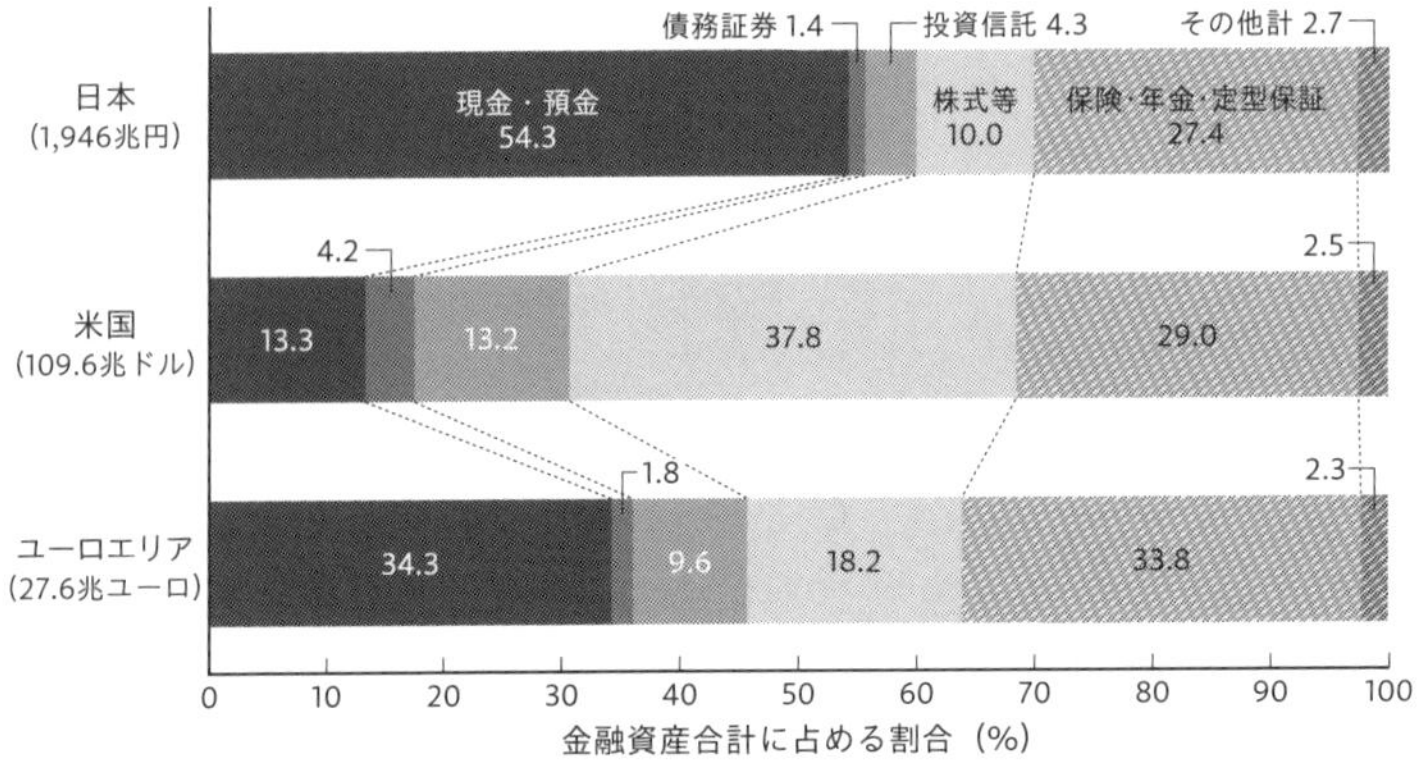

※「その他計」は、金融資産合計から、「現金・預金」、「債務証券」、「投資信託」、「株式等」、「保険・年金・定型保証」を控除した残差。

出典：日本銀行調査統計局「資金循環の日米欧比較」2022年

【図表8】家計の金融資産

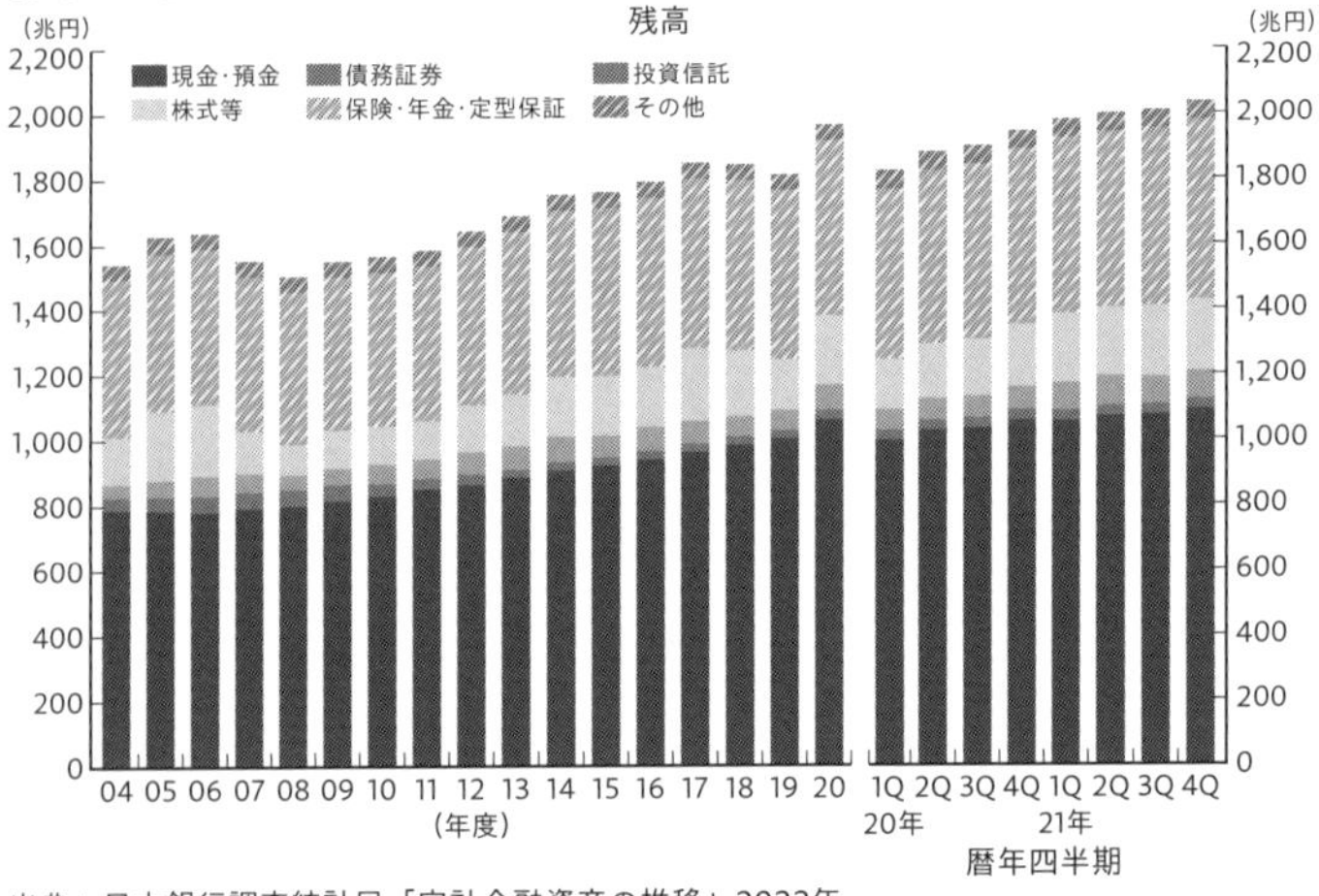

出典：日本銀行調査統計局「家計金融資産の推移」2022年

【図表9】日米英の家計金融資産の推移

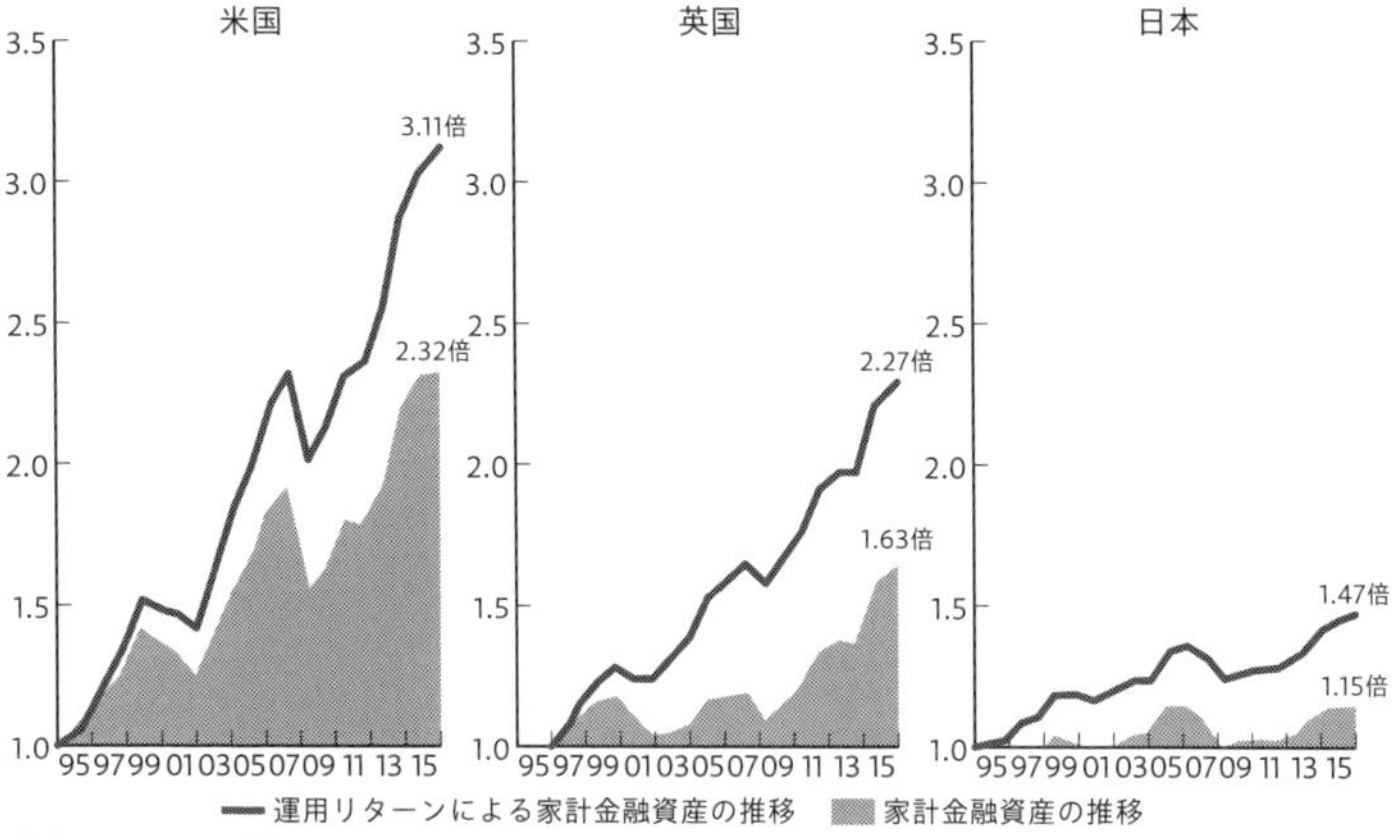

（注）1995年＝1（英国のみ1997年＝1）とする

出典：金融庁「家計金融資産の現状分析」2017年

国（13・3％）、ユーロエリア（34・3％）と比べ明らかに高い割合です。一方、日本人の投資資産の保有割合は圧倒的に低く、株式等は10％、投資信託は4・3％にとどまっています。

こうしたなか、岸田首相が2022年5月に英国で行った講演では「資産所得倍増計画」が打ち出されました。1960年に池田勇人首相が推進した「所得倍増計画」では国民の雇用を確保し、所得を増やすことに主眼が置かれていましたが、岸田首相が掲げる目標には「資産」という言葉が入っています。

このことから見えてくるのは、日本で眠っている膨大な預金を投資に回してもらい、停滞する日本経済を活性化させようとの狙いがあるものと考えられます。確かに日本は先進国としては考えにくいほど、投資が行われていません。

図表9は金融庁が2017年にとりまとめた、日米英の家計金融資産の推移ですが、これを見ると日本では運用されている資産の絶対量が少なく、そのためにリターンが低くなっていることが分かります。すでに日本経済の成長率は他国に大きく水をあけられていますが、このままではさらに差が広がっていく一方です。

超低金利の銀行に資産を委ねてはいけない

バブル崩壊に至るまで、日本の預金金利は非常に高い水準でした。定期預金のピークは1991年で、なんと年利5・7%もの金利がついていたのです。この金利水準であれば、12年ほど預けていれば元本が倍になります。

かつては、宝くじで1億円を当てれば一生暮らしていけるといわれていましたが、確かに年利約6%で預けていれば、年間600万円の金利がつくわけですから、生活するには十分だったはずです。とにかく仕事で稼いで、あとは預金に入れておけば、それなりの資産を築くことができていました。

ところが現在の日本は歴史的な低金利となっています。1992年に「ゼロ金利政策」が導入され、2016年以降は「マイナス金利政策」が継続しています。

一般的な普通預金の金利は0・001％、定期預金の金利は0・002％しかなく、ピーク時の300分の1ほどに下がってしまっているのです。ちなみにこの低金利だと、1億円を定期預金に預けても年間の利息は2000円にしかなりません。

ここまでの低金利であるにもかかわらず日本人の預金保有率が高いのは、お金をもっている人の多くが高齢者であることも理由の一つです。高齢者であれば、残された人生の時間が短いため、過度なリスクを取って投資をするよりも、預金として確保するほうが合理性があります。

しかし、老後までの期間が数十年残されている現役世代が高齢者にならう必要はまったくありません。今の高齢者は高度経済成長の恩恵を受け、高金利の時代のなかで資産を築いてきましたが、現役世代はまったく別の戦略を取る必要があるのです。

日本の預金金利が上がらない理由

預金の金利は変動するものなのでいずれバブル期のような高金利に戻ると考えている人もいますが、それは楽観的過ぎると言わざるを得ません。日本の金利に関しては、今後も大きく上がることは考えにくいです。金利は経済情勢や政府の方針などが影響するため正確に予測することはできませんが、日本の金利が構造的に上がりにくい理由は説明できます。

日本の金利をコントロールしているのは日本銀行です。日本銀行は「公開市場操作」と呼ばれる手法で市場の資金量を増減させ、金利を操作しています。

経済学の基礎的な話になりますが、金利には景気を調節する機能があります。日本は長らく不景気が続いており、日本銀行は金利を低くして物価を上げようと試みてきました。これは、金利を下げると個人や企業がお金を借りやすくなり、経済活動が活発になると考えられているからです。

簡単にいえば、日本銀行は世の中に出回るお金を増やし、景気の回復につなげようとしてきたわけですが、残念ながら狙っていた成果を上げることはできていません。ゼロ金利政策が導入されて30年が経った今も、日本は不景気から抜け出せていないのです。

この状況で金利が上がると、多額の借入がある企業や個人が破綻する恐れがあるため、日本銀行が利上げに踏み切るのは難しい状況にあります。

また、金利が上がることで、日本銀行が民間銀行から預かっている莫大な当座預金の利払いに窮する可能性も指摘されています。当座預金の残高は年々増えており、2022年3月末には初めて500兆円を突破しました。マイナス金利政策が続くうちはこの当座預金に金利はつかないのですが、利上げが行われると一部の当座預金に利払いが必要になります。

金利を1%引き上げただけで年5兆円を超える計算ですから、このことからも日本では利上げを避ける方向に進むことが予想されます。

このような状況の日本において、銀行にお金を預け続けることに合理性はありません。

成長を期待できない国で生きるリスク

ここ数年、私がＦＰとしてカウンセリングをしている顧客のなかに、海外移住を考える人が増えています。これは経済成長が見込めない日本で暮らすことへの危機意識が高まっていることの現れです。

日本政府は税制優遇や補助金などを用いて経済成長を図っていますが、「失われた30年」といわれるように経済の停滞が続いています。その原因の最たるものは、他国に例を見ない少子高齢化です。国の経済と人口は相関関係がありますから、人口減少が続くと予想される日本では経済成長を期待できません。

２０２２年５月現在の日本の人口は約１億２５００万人ですが、内閣府の情報によると２０６０年には９０００万人を下回るとの予測が出ています。その一方で海外ではまだまだ人口増加が続く国が多くあるため、相対的に日本の経済が弱くなっていくと考えるのが自然です。

日本の経済の綻びは、すでにいくつかの事象に現れています。例えば各国の賃金を消費

【図表10】年齢区分別将来人口推移

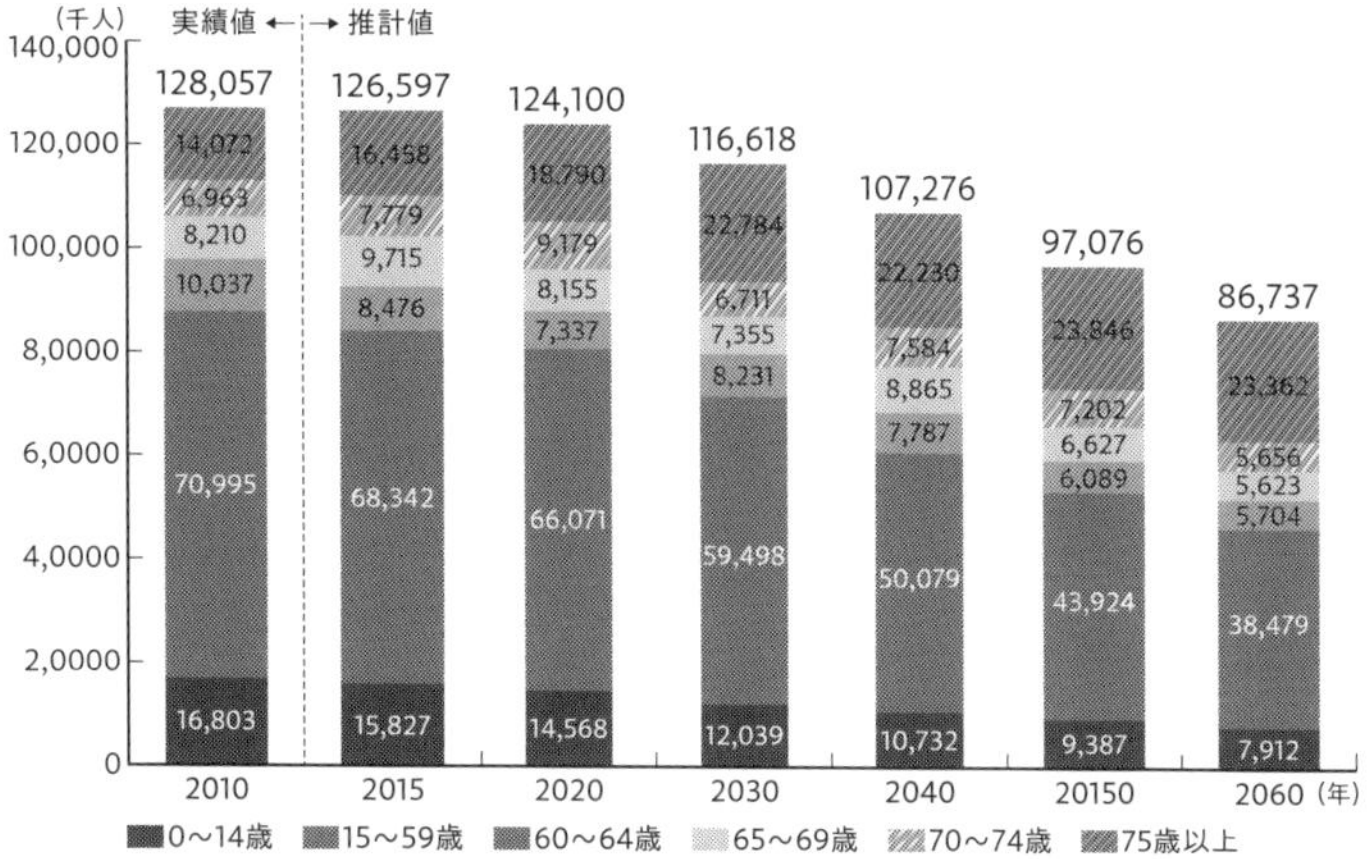

資料：2010年は総務省「国勢調査」、2015年以降は国立社会保障・人口問題研究所「日本の将来推計人口（2012年1月推計）」の出生中位・死亡中位仮定による推計結果
（注）2010年の総数は年齢不詳を含む。

出典：内閣府「2012年版　高齢社会白書（全体版）」

者物価指数に応じて比較すると、他国の賃金が伸びている一方で、日本の賃金は下がり続けています。

こうした状況を鑑みると、海外移住をして外貨獲得を目指す人が増えるのも当然です。このまま日本で働き、日本円で貯めるというスタンスを崩さなければ、自分の財産はずっと他国よりも増えない状況下にあることが明白だからです。

とはいえ、多くの日本人にとっては日本で仕事をせざるを得ないのが現実です。特殊な技術をもっていたり、外国語が得意だったりすれば話は別ですが、いきなり海外移住をして外貨を稼

【図表11】実質賃金指数の推移の国際比較（1997年＝100）

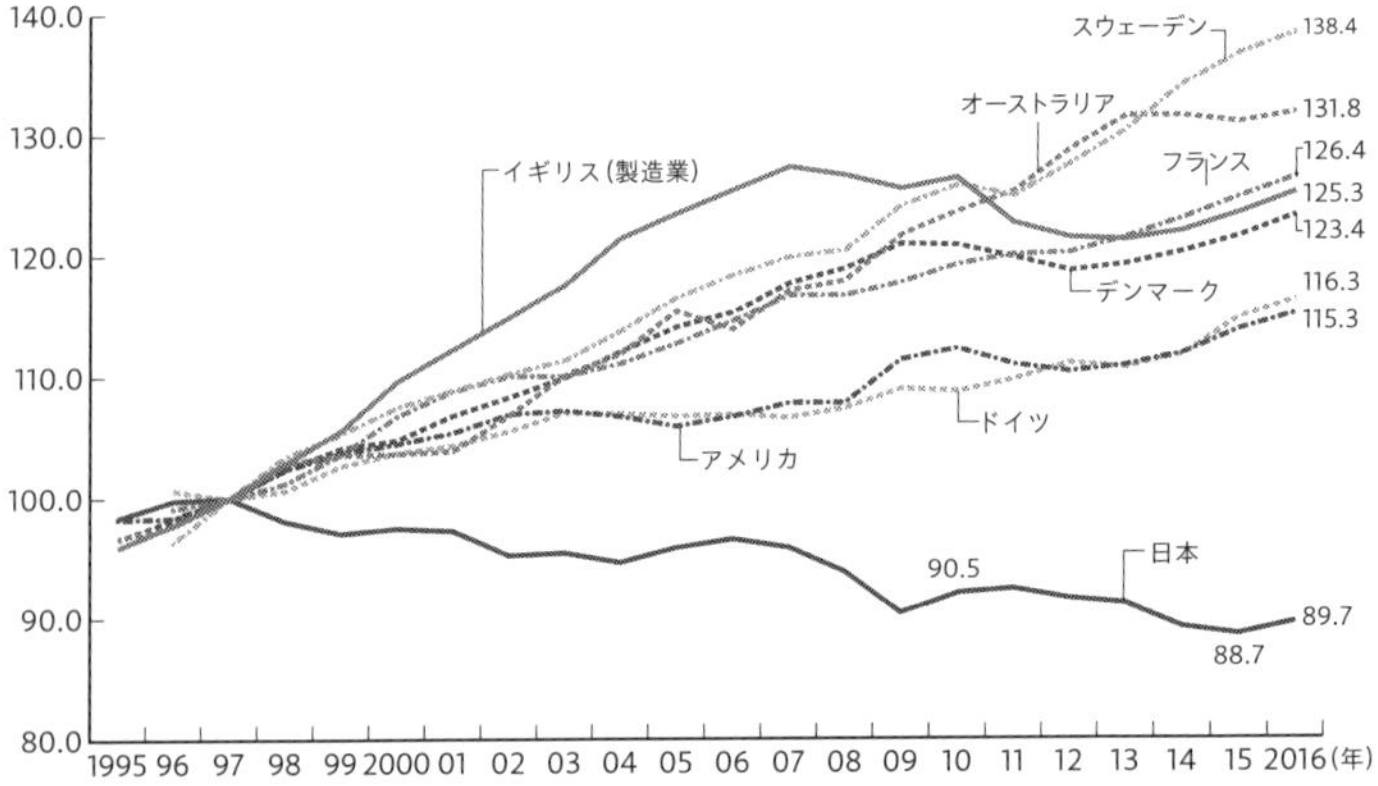

出典：oecd.statより全労連が作成（日本のデータは毎月勤労統計調査によるもの）。
注：民間産業の時間当たり賃金（一時金・時間外手当含む）を消費者物価指数でデフレートした。オーストラリアは2013年以降、第２・四半期と第４・四半期のデータの単純平均値。フランスとドイツの2016年データは第１～第３・四半期の単純平均値。英は製造業のデータのみ。

出典：全労連「実質賃金指数の推移の国際比較（1997年＝100）」

ぐのは現実的ではありません。

そこで海外も視野に入れて投資をするという考え方が必要になってきます。日本から海外に投資をすることで、海外の経済成長の恩恵にあずかることを目論むわけです。

日本の証券会社を使って海外投資をすることはいまや簡単にできます。海外投資を考える人であれば、いずれは海外で口座を開いたり、不動産を買ったりすることも視野に入れたいですが、まずは外貨をもつだけでも大きな進歩です。

円安がある程度進んだ今、日本人の行動はきれいに2パターンに分かれています。一つは今さら始めても遅いといって行動しない人、もう一つは、さらに円安が進むと見越して、日本円を外貨などに換えようとしている人です。

このうち、後者のほうがお金を増やせるタイプであることは間違いありません。やったことのないことに不安を感じるのは無理もありませんが、行動を起こさず問題を先延ばしにしていたら、いずれ後悔をする可能性が高いです。

年収1000万円超で所得制限の影響をモロに受ける

年収1000万円ほどになると、税金や社会保険料の負担に加えて、所得制限により家計が圧迫される恐れがあります。国や地方自治体は子育て世帯などにさまざまな支援を行っていますが、収入が一定水準よりも高くなると、支援が薄くなったり、まったく受けられなくなったりするのです。

例えば0歳から15歳までの児童を養護するために支給される児童手当には、所得制限が設けられています。所得制限の金額は扶養親族の数によって変動し、扶養親族が一人なら

【図表12】69歳以下の上限額

	適用区分	ひと月の上限額（世帯ごと）
ア	年収約1,160万円～ 健保：標報83万円以上 国保：旧ただし書き所得901万円超	252,600円＋（医療費－842,000）×1％
イ	年収約770～約1,160万円 健保：標報53万～79万円 国保：旧ただし書き所得600万～901万円超	167,400円＋（医療費－558,000）×1％
ウ	年収約370～約770万円 健保：標報28万～50万円 国保：旧ただし書き所得210万～600万円超	80,100円＋（医療費－267,000）×1％
エ	～約370万円 健保：標報26万円以下 国保：旧ただし書き所得210万円以下	57,600円
オ	住民税非課税者	35,400円

出典：厚生労働省保険局「高額療養費制度を利用される皆さまへ」

年収875万6000円、二人の場合は年収917万8000円が目安となっているので、年収1000万円レベルの人はほぼ確実に所得制限に引っかかってしまいます。

2022年9月までは、この所得制限に引っかかったとしても児童一人あたり5000円は特例給付として支給されていたのですが、10月以降は廃止されています。つまり、所得制限に引っかかった場合、児童がいても児童手当はいっさいもらえないのです。

所得制限が設けられているのは児童手当だけではありません。医療や教育など、さまざまな支援制度で所得制限が設けられており、年収1000万円ほどになると多くの支援の対象外となってしまいます。

医療関連については、特に高額療養費に注意が必要です。高額療養費は1カ月あたりの医療費の自己負担に上限を設けるしくみになっていますが、この上限は収入によって決まります。

例えば1カ月で100万円の医療費が掛かったとします。このとき年収約370万円から約770万円の人は、自己負担は8万7430円に収まります。ところが年収1160万円を超える人は、同じ100万円の医療費に対して、自己負担は25万4180円に跳ね上がります。

このように所得制限のルールを踏まえると、高収入だからといって家計が楽とは決していえません。

社会保障だけでは将来の生活は守れない

日本政府は老後に向けた資産形成を促進するため、さまざまな税制優遇制度を打ち出しています。

【図表13】高齢夫婦無職世帯の収入・支出

○引退して無職となった高齢者世帯の家計は、主に社会保障給付によりまかなわれている。
○高齢夫婦無職世帯の実収入と実支出との差は、月5.5万円程度となっている。

〈高齢夫婦無職世帯（夫65歳以上、妻60歳以上の夫婦のみの無職世帯）〉

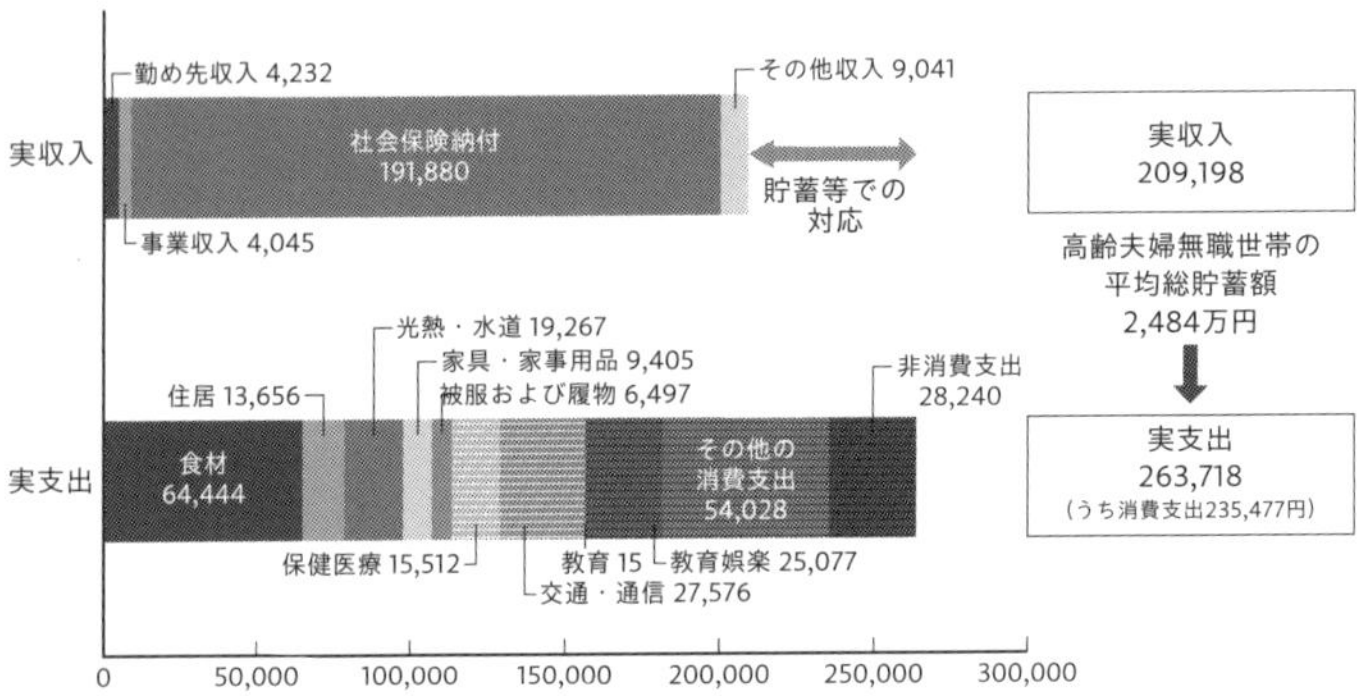

出典：総務省統計局「家計調査報告（家計収支編）」2017年

2018年には「つみたてNISA」がスタートし、年間40万円を上限に、20年間非課税で積立投資による運用が可能となりました。また、もともと自営業者向けの制度としてスタートした個人型確定拠出年金が、2016年に「iDeCo」の愛称がつけられ、サラリーマンや専業主婦なども利用できるようになりました。今後はつみたてNISAやiDeCoなどのさらなる拡充も検討されており、投資を行う人にとっては前向きな方向に進んでいます。

ただ、こうした動きから、政府は国民の老後に対して責任をもたないのではないかという穿った見方もできます。要は、自分の老後は自分で備えてほしいという政府の姿勢が透けて見えるのです。

日本の公的年金は、現役世代の負担する保険料で高齢者の生活を支える賦課方式が採用されています。少子高齢化の続く日本では、現役世代と高齢者のバランスが崩れつつあり、今後は公的年金だけで老後の生活をまかなうのは現実的ではありません。

そのことを端的に示すのが、2020年に話題になった「老後2000万円問題」です。金融庁の金融審議であるワーキング・グループが老後の収支に関する試算を示した結果が大きな注目を集めました。

この試算によると、高齢者無職夫婦（夫65歳以上、妻60歳以上の夫婦のみの無職世帯）の場合、毎月26万3718円の支出が必要と見込まれ、公的年金などの収入と比べて約5・5万円不足するとの試算が出ています。これを30年で計算すると約1665万円のお金が足りないことになります。

もっとも、これはあくまでもシミュレーションですから、人によって必要な老後資金は変わってきます。ある程度豊かな生活を送りたいのであれば、さらに多くの資金を用意しておく必要があるのです。

例えば、試算では住居費は1万3656円となっていますが、住宅ローンの返済が残っている人や、家賃を払っている人は、この金額では収まりません。保健医療費も1万5512円となっていますが、健康状態によってはさらに多くのお金が必要になります。

お金の問題に向き合わないでいると、年収1000万円でも安心できない

かつては、老後資金の不足について、現役時代に貯めた預金や退職金で十分にまかなうことができました。真面目に会社勤めをして定年を迎えれば、ある程度は豊かな老後生活を送れたのです。

しかし、時代は変わりました。今はサラリーマンの給料が上がらない時代であり、退職金は年々減少しています。公的年金についても、受給開始時期が遅くなったり、支給額が減ったりする可能性は十分に考えられます。お金に向き合わずにいると、たとえ年収1000万円でも安心はできないのです。

高齢になってからこんなはずではなかったと思っても、どうしようもありません。その前に、一人ひとりが現実を受け入れ、将来に向けた戦略を描かなくてはいけません。

第2章

押さえておくべき〝お金との向き合い方〟

お金に好かれるも嫌われるも自分次第！

マネーリテラシーを高める入り口

マネーリテラシーを高めるには用語を覚えることが近道です。例えば円安と円高の違い、複利と単利の違い、貯蓄性保険と掛け捨て保険の違いといったことなどについてあまりピンと来ないという人は、まずこうした専門用語を理解することが資産形成を行ううえでとても重要です。

基礎的な専門用語を知らないと、お金に関する正しい情報をキャッチできません。その結果、マネーリテラシーがあればすぐに分かるような投資詐欺にだまされるといった問題が起きてしまいます。

そうした人がマネーリテラシーを高めるために入り口として活用できるのが、FP技能検定3級の勉強です。私の運営しているオンラインサロンでも、お金に関する勉強をいつでも継続できる環境を整えています。FP技能検定試験は1級から3級まで分かれていますが、3級のハードルは高くありません。かつ、身近なお金の問題に関わる分野が幅広く出題されます。

日本FP協会のホームページではFP技能検定試験3級の合格率が公表されており、2022年1月実施分では学科合格率が87・1%、実技合格率が90・75%と高い合格率となっています。

FP技能検定は国家資格ですから、3級を入り口に、さらに2級、1級と学習を進めていけばより深くマネーリテラシーを身につけることが可能です。まずはマネーリテラシーを高めたいと思ったら3級のテキストから読み進めるのが良いです。日本FP協会のホームページではFP技能試験の過去問と模範解答が無料で公開されています。

ボーナスはあくまで臨時収入

高所得者は高額なボーナスをもらっている可能性が高く、これがお金の感覚を狂わせる原因になっていることもあります。

私の顧客にもときどきボーナス支給月の前々月頃から急に出費が増える人がいます。いずれ入ってくるボーナスを意識してしまい、財布のひもが緩んでしまうのです。それが短期間であればいいのですが、結局はボーナスが支給されたあともしばらく緩み続けてしまいます。その結果、ボーナスの金額以上のお金を使ってしまって自分の資産が少なくなってしまうのです。

また、ボーナスがあるから大丈夫といって毎月の家計が赤字なのに放置しているケースや、住宅ローンのボーナス払いを使って毎月の生活費が高めになっているケースもありがちです。

ボーナスはそもそも会社の業績などに応じて支払われるものですから、いつももらえるとは限りません。2020年には新型コロナウイルスの影響を受けて、JALの冬のボーナスが8割減るという報道がありましたが、そうしたことが起こり得るのです。このような事態が起きたとき、ボーナスを当てにして生活をしていた家庭は急にピンチになってしまいます。

ボーナスの使い方は人それぞれ違って構いませんが、ボーナスを当てにし過ぎないということは心掛ける必要があります。ボーナスはあくまで臨時収入として慎重に使うことが大切です。まずは、住宅ローンはボーナス払いを使わず、月々の生活費を月給以内に収めるといったことを徹底しなくてはいけません。

支出の中身がNEEDSかWANTSかを見極める

お金を有効に使えている人は、普段の買い物でも「投資」という意識をもっています。私なりに投資という言葉を定義すると、「価値のある物にお金を投じる行為」というものになります。したがって、お金を払うときはその金銭に見合った価値があるのかを考えることが大切です。

普段から投資をしていると、こういった観点がある程度身についていきます。ビジネスとは自分が投じた資金からそのお金以上の価値を生み出すことですから、自然と投資のマインドが培われていくのです。

しかし投資をしない人の場合はこうした意識が薄い傾向があります。投資家にとって、入ってくるお金は自分のアクションに対する結果ですが、サラリーマンとしての給料はいつもどおりにしていれば翌月も入ってくることが決まっているものです。ある程度収入に余裕があると、積極的に収入を増やす工夫をする必要を感じずに、またそれが完全になくなることを想像しにくい状態でもあります。

普段から単なる消費ではなく投資意識をもってお金を使うには、普段の支払いを意識して得られる価値をきちんと見極めることが重要です。それが本当に必要な物（NEEDS）なのか、単に欲しい物（WANTS）なのかを見極め、不必要な支出を減らせば家計は確実に良くなります。

例えば1回5000円で飲みに行くのであれば、得られる価値について少しだけ考えてみるといったことです。飲みに行くことでストレス解消や人脈づくりなどの価値を得られるとして、その価値が5000円に見合うかを検討し、そのうえで判断するのです。

このように意識をすると、ストレス解消ならもっと安いやり方がありそうだとか、せっかく飲みに行くのなら仕事が広がりそうな相手を誘おうなどといったように、意味のあるお金の使い方ができるようになります。

借金すべてが悪ではない

お金を借りることについても誤った判断をしている人がいます。そういう人は借金が良くないものという考えで、子どもの進学にあたっては最初から奨学金受給の検討をしないのに、家を頭金なしのフルローンで買っているといったように、どこか行動に矛盾があります。

奨学金にネガティブなイメージがついているのは、昨今の報道による影響が大きいと考えられます。多額の奨学金を借りた結果、卒業後に返済できずに困窮するといったニュースを見れば、心配になるのは分かります。また、学校の先生がきちんと奨学金のしくみを説明できないことも問題です。奨学金には返済義務があることや金利が発生すること、繰上返済をすれば金利の負担を抑えられることなど、基本的なことは説明があってしかるべきです。

冷静に考えれば、奨学金は一般の教育ローンなどよりも金利や返済期間などの条件が優れています。銀行の教育ローンは年利2〜4%程度に設定されていますが、奨学金には無金利のものが多く、掛かるとしても年利1%以内に収まります。

借金をすることの本質は、時間を買うことです。今は家を一括で買うお金がなくても、住宅ローンを使えば早くから家をもつことができます。自動車ローンやショッピングローンなども、時間を買うという意味ではすべて同じです。そのため、借金により得られる価

【図表14】同一企業型の生涯賃金（60歳まで、退職金を含めない、2019年）

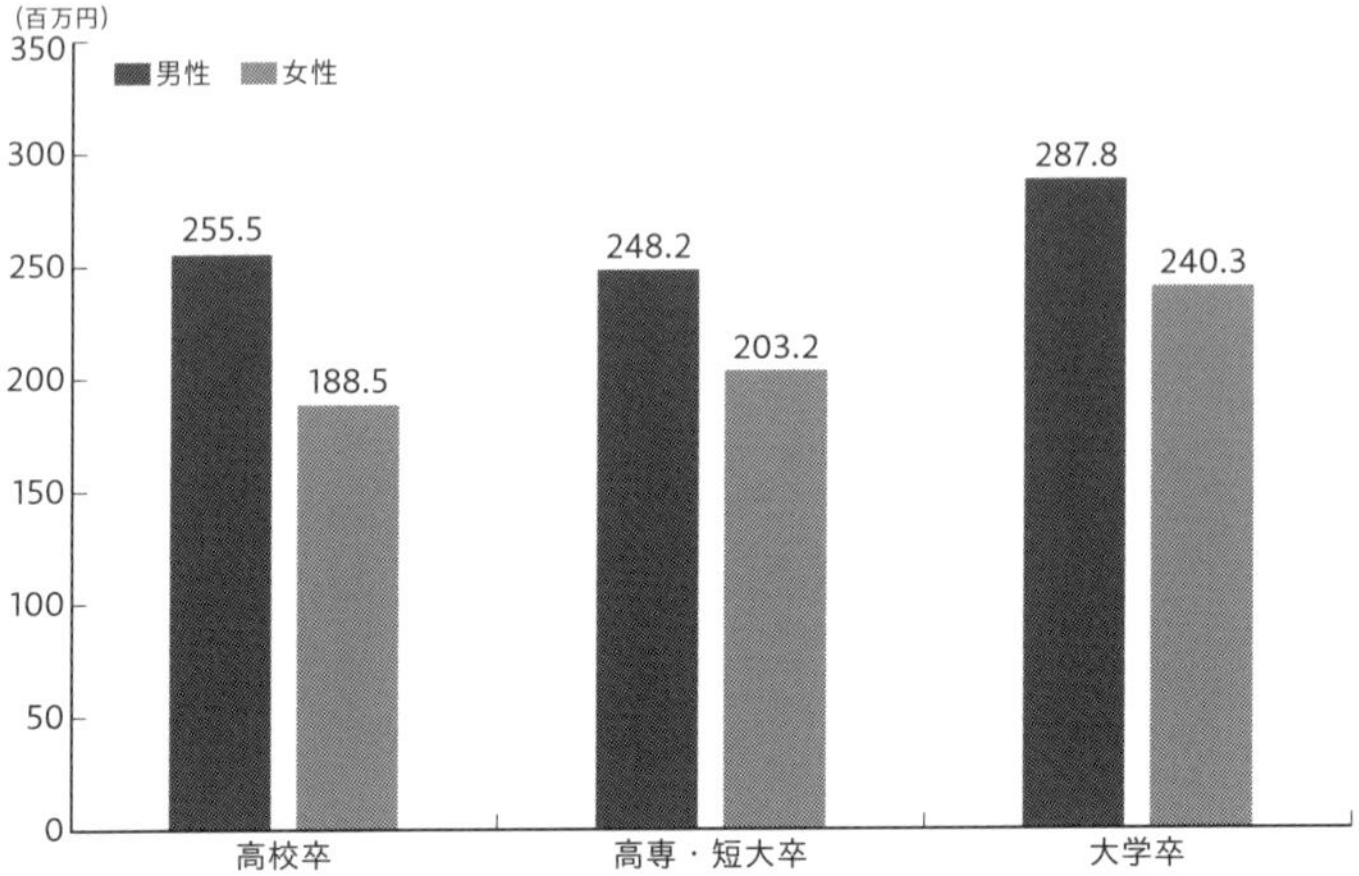

出典：ユースフル労働統計「2021 労働統計加工指標集」

値と、金利などのコストを比べる視点が求められます。

奨学金の価値は、十分に学費が貯まっていなくても学校に通えるようになるという点であり、そのことを意識しなくてはいけません。将来的に借りた奨学金に利子をつけて返していくことになるので、その負担と学校に通うことの価値を比べる必要があります。

ユースフル労働統計によると、学歴による生涯賃金の差は明確に出ています。高専・短大卒の人に比べて、大卒の人のほうが男女ともに4000万円ほど生涯賃金（退職金を除く）が高くなっています。

もちろん学歴が高ければ高収入になると

一概にいえるものではありませんが、奨学金を使って大学に行けば、生涯賃金が大きく上がる可能性が高まります。

奨学金であれ住宅ローンであれ、本質は同じです。お金を借りて金利をつけて返済するという点で違いはないので、お金を借りることで得られる価値が、負担するコストに見合ったものかを冷静に考えなくてはいけません。

元本割れを気にし過ぎない

日本人があまり株式や不動産などに投資をしない背景に、元本割れに対する過度な不安があります。元本が減る可能性が少しでもあるなら、投資はしたくないという人が少なくありません。

しかし、これは金融の常識からするとおかしな話です。なぜなら、投資で得られるリターンはリスクに比例するのが基本だからです。

リスクという言葉はマイナスを意味するのではなく、結果の振れ幅の大きさを指しています。リスクが低いというと良いことのように思うかもしれませんが、それは期待できる

【図表15】国内外の株式·債券に積立·分散投資した場合の収益率(実績)

20年の長期保有では、投資収益率２～８％（年率）に収斂《しゅうれん》。

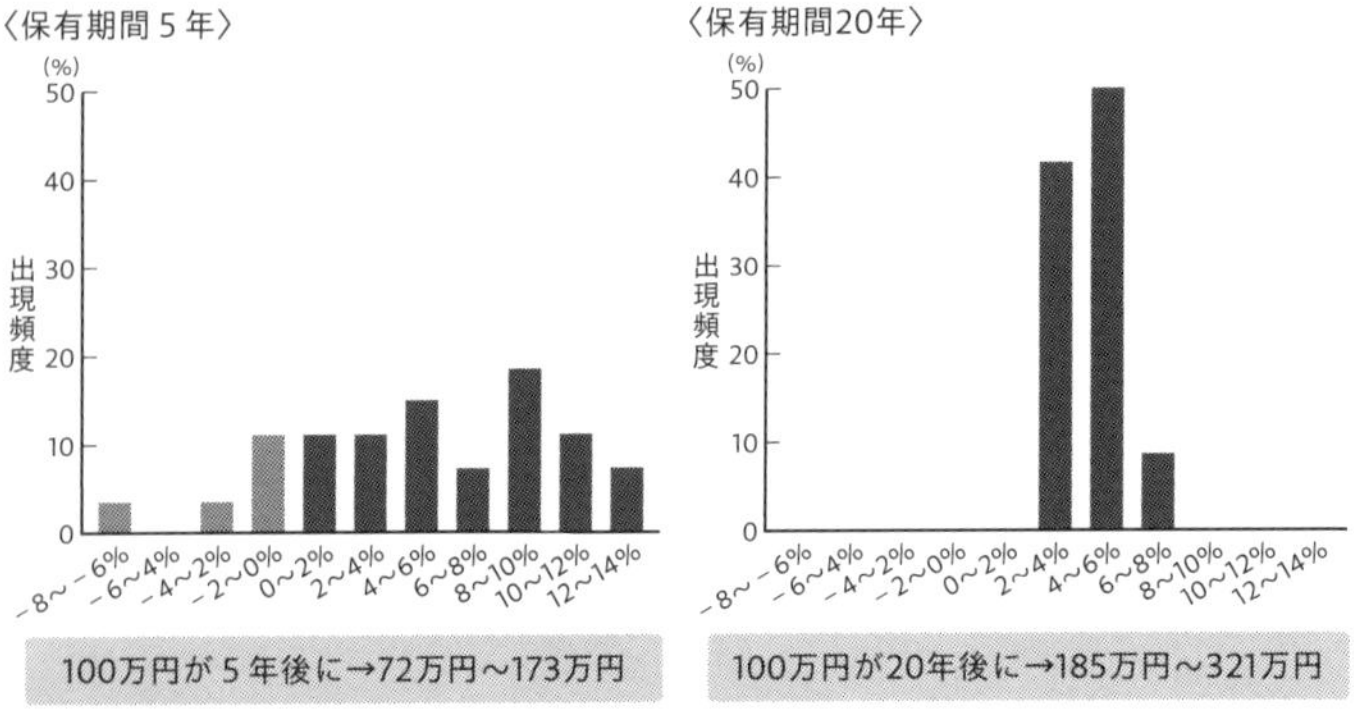

（注）1985年以降の各年に、毎月同額ずつ国内外の株式・債券の買付けを行ったもの。各年の買付け後、保有期間が経過した時点での時価をもとに運用結果および年率を算出している。

出典：金融庁「導入直前！『つみたてNISA』の制度説明」2017年

リターンも低いということと同じ意味になるのです。

例えば１００万円を投資して10%のリスクがあるときは、10万円の損を被る可能性がある一方で、10万円のリターンを得る可能性もあります。逆に元本割れがない、つまりリスク０%で１００万円を運用すると、損をする可能性がないものの、利益を得られる可能性もゼロです。したがって、いくら投資を続けても１００万円は増えません。

お金を増やしたいけれど元本割れは絶対にしたくないという人は、考え方を改める必要があります。お金を増やすためにリスクを取るか、元本割れを避けるためにリターンを諦めるか、選択肢は2つです。

このように説明をすると、ますます投資に不安を感じるという人もいますが、株式や投資信託といった普通の金融商品を買って、投資資金がゼロになることはまずありません。そして短期的には元本割れとなることがあっても、投資を長く続けるほど利益を得る可能性が高まっていきます。図表15は株式・債券の保有期間5年と20年の収益率を比較したものですが、保有期間5年の場合、投資した銘柄によっては元本割れとなっています。しかし、保有期間20年になると、すべてプラスになっています。

元本割れのない銀行預金は、近い未来に迫った支払いには便利なものですが、何十年も保有すべきものではありません。元本割れへの恐れから脱却し、少しずつでも投資にお金を回していくことが大切です。

目新しい高リスク投資に飛びつかない

日本人は元本割れを怖がる人が多いにもかかわらず、暗号資産やFX（外国為替証拠金取引）などの高リスクな投資手段を選ぶ傾向があります。

例えばＦＸは日本人に人気が高く、２０２２年10月には日本の個人によるＦＸの取引高が１０００兆円を超えました。また、日本のＧＭＯクリック証券は、２０２０年、２０２１年と連続でＦＸ取引高が世界一になっていて、日本人のマネーがＦＸに流れていることがうかがえます。

ＦＸとは、世界の通貨同士を交換して為替差益を得ようとする投資商品です。ＦＸにおいて特徴的なのは、口座に預けた資金の最大25倍の取引が可能になる点です。例えば投資用の口座に10万円を入れていた場合、２５０万円分の通貨を売買できるため、これにより大きな利益を狙うことができます。これがレバレッジというしくみです。

為替の変動を正しく読める人にとってレバレッジは有効ですが、判断を間違えると逆に損失が大きく膨らむ可能性があります。投資したお金がゼロになってしまう可能性も十分にあるため非常にリスクが高いのです。

よくいわれるＦＸのメリットに手数料が低いというものがあります。確かに、直接外貨の売買を行うよりもＦＸのほうが手数料は低くなるのですが、ＦＸに高いレバレッジを掛けて損をしたら元も子もありません。

暗号資産もやはり高リスクです。暗号資産の価値は需要と供給のバランスで成り立っており、突如として大きく下落することがあります。しかも、株式などと違い価値が下がる原因が見えにくいです。過去には日本の暗号資産取引所がハッキング被害に遭い、顧客の暗号資産が流出するという事件もありました。

暗号資産は新しい概念であり、政府のなかに暗号資産に精通した人が少ないこともあって、法整備が遅れています。日本政府は暗号資産を積極的に推奨しておらず、暗号資産に投資をする人にとってはネガティブな状況です。

例えば税制については、暗号資産で得た利益は雑所得として扱われ、所得税と住民税を合わせて最高55%の税率が適用される恐れがあります。株式や投資信託などで得た利益の税率は約20%であり、つみたてNISAやiDeCoなどの非課税制度があることを考えると、暗号資産はかなり不利といえます。

このような事実を鑑みると、FXや暗号資産のような高リスク投資にいきなり飛びつくのは得策ではありません。まずは株式などによるオーソドックスな投資経験を積み、安定的に資産を増やしていくのが合理的です。

財産を刈り取られないために

２０１８年頃から始まったビットコインバブルでは、暗号資産投資で大儲けをした人が「億り人」としてメディアなどで取り上げられ、多くの人が暗号資産投資に参入しました。また、２０２０年から２０２１年にかけては、Twitter や YouTube などでインフルエンサーから米国株投資を勧める情報が多く流れたため、これに影響を受けた人が少なくありませんでした。

ところが、このような情報を受けて投資をした人が利益を得たかというと、決してそうではありません。代表的な暗号資産であるビットコインは２０１７年に急速に値上がりしましたが、２０１８年は大きく値下がりしました。実はビットコインは２０１９年以降に価格を上げているのですが、含み損に耐えきれず２０１８年の段階で売却した人が少なからずいたのです。

米国の代表的な株価指数であるS＆P５００のチャートを見ると、２０２１年までは右肩上がりに成長していたのですが、２０２２年から下落傾向が続いています。

私はS&P500の長期的な成長性については今も期待していますが、2021年の時点で、S&P500の価格が上がり過ぎていると感じていました。米国では長らくインフレが続いており、FRB（米連邦準備制度理事会）による利上げも噂されていましたから、いずれ株価の上昇は落ち着くと予想していたのです。

私だけでなく金融の専門家の多くはそうした兆候をかぎとって、米国株への投資を徐々に控えていました。また、そのような予測を発信していた専門家もいました。

ところが、SNSなどの情報に影響された人々は、株価が下がろうとする局面で米国株に多額の資金をつぎ込んでしまったのです。なかにはレバレッジを掛けて米国株に投資をして、資産を半分程度減らした人もいます。

投資で利益を得るには、価格が上がろうとしている物を買い、価格が下がる前に売るのが鉄則です。しかしマネーリテラシーの低い人々は逆の動きをします。過度な注目が集まり価格が高まった状態で金融商品を買い、価格が下がったあとになって慌てて売ってしまうのです。これでは投資で損をするのも当たり前です。

そうした損をする人がいる裏で、マネーリテラシーのある人は投資の鉄則にしたがった行動をして利益を上げています。マネーリテラシーをもつ一部の人が利益を生む裏で、遅れてついてくる人たちが財産を刈り取られているといった構図が存在するのです。

自らの財産を守るには、マネーリテラシーを高めることに加え、情報の見極めも重要です。私の場合、Twitter や YouTube などで発信されている情報をそのまま真に受けることはありません。そのように誰でも発信できるプラットフォームで得られる情報は信憑性に乏しいからです。その情報が正しいか正しくないかを検証する必要があります。

できるだけ実名で、かつ雑誌や書籍のように手間やコストの掛かった情報のほうが価値が高いというのが経験から得た結論です。ＦＰだけでなく、税理士や大学教授など、さまざまな専門家が実名で情報を発信していますから、信頼性が高いのです。そうした情報を取り入れ、正しい行動を選ぶことが大切です。

分からないものに投資をしない

投資で大失敗する人の共通点は、しくみが分からない商品に投資をしていることです。

例えば昨今は暗号資産に投資をする人が増えましたが、暗号資産の基本的なしくみさえ理解していない人がいます。暗号資産で利益を得ようとしているのに、どのようにして利益がもたらされるのかを知らなければ、継続的に儲かるはずがありません。

知らないものにお金を投じる行為は、投資というよりはギャンブルです。損をしたときに原因を理解できないので、繰り返し損をしてしまいます。

きちんと投資でお金を増やそうとするならば、利益を生むまでのストーリーを描いたうえでお金を投じなくてはいけません。

例えば株式であれば、投資をした会社の株式の成長によって利益が生まれます。その会社が世の中に価値を生み出した結果、株主に利益が還元されるのです。したがって、投資する株式を選ぶときはその会社の成長性を考える必要があります。

そのため、初心者が投資を始める場合には、しくみが分かりやすい国内株から始めることが理にかなっています。いずれ外国株にも手を伸ばしたいところですが、最初はやはり自分が知っている会社の株式が良いです。

また、通貨取引に興味があるなら、ＦＸに手を出す前に外貨をもつのが正しい順序だといえます。例えば米ドルが強くなると思えば、手持ちの日本円の一部を米ドルに変えます。

このように、最初はとにかくシンプルで分かりやすい投資から始めるのが鉄則です。

証券会社の言いなりにならない

投資を推進する政府の取り組みもあり、近年は優れた金融商品に手軽に投資できるようになりました。

例えばつみたてＮＩＳＡの対象商品は、「長期・分散・積立」という安定的な資産形成に役立つ特徴を備えたものだけがラインナップされています。これらの商品は手数料が低いうえにリスクが抑えられているので、投資初心者にぴったりです。

ところが、こうした金融商品を証券会社の社員は勧めようとしません。というのも、日本の証券会社にとって収益の源泉である手数料をほとんど取れないからです。顧客にとってはもちろん手数料が低いほうがいいのですが、証券会社はそうした商品ではなく手数料の高い商品を勧めてくることがあります。

悪質なのは、あまりにも複雑で証券会社の社員自身が理解していないような商品を、有利な商品に見せかけて勧めているケースです。例えば仕組債という金融商品にはデリバティブという特殊な金融手法が使われていて、金融のプロであっても理解することが簡単ではありません。しかし、こうした商品を「特別な商品をご提案します」といったセールストークで販売している金融機関があるのです。

仕組債の実質的な手数料は5～7％で、なかには20％を超えるものもあります。これは一般的な投資信託などと比べてはるかに高い設定です。実際、この仕組債に投資をして大きな損を抱えた個人投資家が増えており、トラブルに発展しています。

金融庁の「第1回　金融審議会　顧客本位タスクフォース」の資料では、2019年に販売された仕組債のサンプル調査が行われているのですが、なんと3カ月で元本の8割が失われたケースもあったといいます。

2022年に入り、三井住友銀行や野村證券など、複数の金融機関が仕組債の販売停止を発表しました。それでもまだ仕組債を販売する金融機関はあり、今後も損を抱える個人投資家は出てくると考えられます。

このような問題が起きていることを考えると、証券会社などの社員の言うことを鵜呑みにして投資をするのは控えるべきです。もちろん、証券会社のなかにも優れた担当者がいて、役立つアドバイスをもらえる可能性がないわけではありませんが、そうした担当者は大きな資金を預けた人につくのが基本です。これから投資を始めようとする人の場合、新入社員が担当につくかもしれず、信頼を置けません。

今は店舗をもたないネット型の証券会社が増えており、手数料が低いうえ、取り扱い商品やサービスも充実しています。また、特定の担当者がついているわけではないので、おかしな金融商品を勧められることもありません。自分のペースで投資を続ける意味では、ネット型の証券会社は優れています。

「お金が貯まったら投資」は絶対NG

お金がないから投資をしないという考え方は一見当たり前のことのように思われそうですが、私は絶対にNGだと断言します。預金金利がほぼゼロの日本において、投資をしなければお金を増やすことはできないので、お金がない人こそ投資を始めなくてはいけません。

一般的に、投資は余剰資金で行うべきものといわれます。そのため、「収入－支出＝投資」というイメージをもつ人が多いのですが、この順序で考えていると、いつまで経っても投資を始めることはできません。たとえ収入が増えても、「収入－支出」という流れで考えてしまうので、つい無駄遣いが増えることが多いです。

お金の基本を理解している人は「収入－貯蓄・投資＝支出」という考え方をします。つまり、収入からまずは一定額を貯蓄や投資に回して、残ったお金で生活するのです。こうすれば、収入を生活費で使い切ったから投資ができなかったという事態になることはありません。

今はお金がないけれどいずれ投資をしたいと言う人も多いのですが、投資を始めるにふさわしいタイミングが今後訪れると考えるのは良くありません。投資のリターンは投資期間に応じて複利で伸びていきますから、投資を後回しにすると、それだけ得られる利益が少なくなってしまうのです。

また、投資を先延ばしにすればするほど、お金の余裕はなくなっていきます。20代で給料が低いからと言って投資を先延ばしにしている人は、30代になれば結婚や引っ越しにお金が掛かるからと言います。40代になれば子どもの学費や家の購入にお金が掛かるからと言い、そのまま60代を迎えたら、もう年金しかないからというように、一生投資を始められません。

年収1000万円程度の人であれば、どう考えても投資を始められないはずはないのですが、なかなか行動に移せない人がいます。それはひとまず生活費には事欠かない状況であることが第一の理由として考えられます。余裕があるがゆえに、いつか貯金や投資をすればいいと油断する人が少なくありません。

さらに、高収入な人はハードワーカーであるケースが多く、なかなか資産形成に時間を使えない事情もあります。例えば週末に投資の情報を見てそろそろつみたてＮＩＳＡでも始めてみるかと思っても、ついつい忙しいことを理由に後回しにしてしまいます。そうしていずれ面倒くさくなってしまい、とりあえず銀行に預けておこうという判断になりがちなのです。

まずはできる金額からで構わないので、投資をすることを決めてアクションを起こすことが大切です。そして収入が増えたら、これを支出に充てるのではなく、まずは投資を優先します。お金を増やす目的を、贅沢をすることと考えていたら、絶対にお金は増えません、支出ではなく投資に充てるお金を増やすからこそ、きちんとお金が増えてくるのです。

ちなみに私が投資信託の積立を始めたのは、２０００年代なかば、大学卒業後、信用金庫に就職して2年目のことでした。当時は今ほど投資をする人が多くなかったので、少なからず否定的な反応がありましたが、今は順調に資産を増やせており、早くから投資を始めて良かったと心から思っています。

入社2年目の給料が低い頃の私でもできたわけですから、誰でも投資を始められます。いつかやろうではなく、まずは投資をやってみる姿勢が大事です。

節税は悪いことではない

高所得者を狙い撃ちにした増税が行われている今、節税の知識はとても重要です。自らが節税の知識を身につけ、少しでも税負担を下げるために行動すべきです。

ときどき、節税をすることに後ろめたさを感じる人がいるようですが、そのように考える必要はまったくありません。法令に違反する脱税と違って、節税はあくまで合法的に税負担を下げる行為ですから、むしろ積極的に行うべきなのです。

日本では、特にサラリーマンは税金の知識が不足しています。これは源泉徴収や年末調整によって、税金の手続きがほぼ会社任せで完了できることが原因と考えられます。しかし、節税方法のほとんどが自らが任意で行うものである以上、やはり最低限の知識は身につけておく必要があります。

例えば年末調整のときには、社会保険料控除や生命保険料控除、地震保険料控除などの所得控除を申請できます。これらの控除は、課税対象の所得金額を下げる働きがあるので、節税につながります。節税のためにまず大事なのは、このような年末調整で申請できる控除を漏れなく申請することです。

また、保険料関係の控除は、同一生計の親族名義で契約したものも申請することが可能です。例えば夫名義で生命保険に5万円、妻名義で生命保険に3万円払っていたなら、本人が支払ったものに限りますが、これを合算して控除額を計算することができます。このように合算するときは、基本的には所得金額の多い人に控除を多くつけたほうが効果的です。

気をつけたいのは、控除のなかには年末調整では申請できないものが存在する点です。そうした控除の代表としては医療費控除と住宅ローン控除が挙げられます。

医療費控除は、一定額を超える医療費を支払ったときに使える控除であり、年収1000万円クラスの人であれば、年間10万円を超える医療費が医療費控除の対象になることをまず理解しておけば十分といえます。

医療費控除は年末調整では申請できないので、自分で確定申告書を作り、税務署に提出しなくてはいけません。つまり、同じ医療費を払ったとして、確定申告をするかどうかで税負担が変わってくるのです。

住宅ローン控除（住宅借入金等特別控除）については、住宅やその敷地を購入するときに10年以上の住宅ローンを組むなどの条件を満たした場合に使える特例です。住宅ローンの年末残高の0・7％が最大13年間差し引かれるという制度なので、節税効果は非常に高いといえます。

例えば2023年に新居に住み、年末時点で3000万円のローンの残債があったとします。その年の控除額は21万円です。このような計算を最長13年間行うので、トータルで数百万円単位の節税効果を期待できます。

この住宅ローン控除を受けるときにも確定申告は必須です。新居に入居した翌年に、住宅の購入契約書などをつけて確定申告をすることで住宅ローン控除が適用されます。翌年以降は年末調整でも住宅ローン控除を申請できるのですが、初年度は確定申告が必須であることに注意する必要があります。

このように、節税をきちんと行うにはやはり知識が必要です。節税のしくみに加えて手続きも複雑なので、自分で勉強することが大事ですが、必要に応じて税理士などのサポートを受けることも有効な手段といえます。

節税で余計な税負担を減らすことができれば、投資に回せるお金が増えていきます。また、投資で得た利益に対する税を軽減してくれるつみたてNISAやiDeCoなどの制度を活用すれば、さらにお金を効率的に増やすことができるのです。

将来のライフプランが見えない人ほど投資を

日本をはじめ世界の多くの国が資本主義で運営されています。資本主義の社会は、自由競争により経済活動を行うことで社会全体の利益が増大していくという考え方に基づいています。この基本的なしくみを理解しようとせず、行動もしない人は、残念ながら経済的に充実した生活を送ることはできません。

「お金はお金のある人のところに集まる」という言葉がありますが、私は「お金がお金を好きな人のところに集まる」が正しいと考えています。お金に関心があり、有効に使いたいという気持ちがあれば、正しい行動を取ることができます。投資の知識を身につけ、ふさわしい投資を行えるわけですから、お金を得やすくなるのは当然です。

私の周りで経済的に豊かになっている人は、自分の性格や考え方に合う手段をそれぞれ選択してお金を増やしています。株が好きな人は株式投資で勝ちやすく、不動産が好きな人は不動産投資で成功しやすいという傾向は確実にあるのです。好きな国の会社や通貨などに投資をして成功した人もいます。もちろんいきなり成功するとは限りませんが、前向きにトライアンドエラーを繰り返し、成功確率を高めていく過程では、それが自分に合っていると感じられることが大事なのです。

逆に、お金が嫌いな人はお金に恵まれません。お金のことを考えるのは面倒くさいといった考えをもっていたら、たとえ高収入であっても十分な資産を築けないのです。

日本では昔からお金のことを口に出すのは良くないという価値観が存在します。投資で儲けている人に対してずるいと感じている人もいますが、株式などに投資をすることは社会に貢献していることでもあり、なんら非難されるいわれはありません。自分が投資したお金が企業の成長につながり、社会全体に貢献するわけですから、むしろ積極的に行われるべきです。

お金に対する価値観は誰でも変えることができます。私の顧客のなかにも、最初はお金に対するネガティブな気持ちをもっていたのに、だんだんとお金について前向きな気持ちをもち、借金を完済したり、多額の資産を築いたりといった前向きな変化を見せる人がいます。

お金に関する問題を抱えている人は、まずはお金に対する誤った考え方を正すことが第一歩です。自分の人生に安心と充実をもたらしてくれるお金を好きになれば、高収入貧乏から抜け出すことができます。私の運営するオンラインサロンでも、そのような環境を仲間と一緒につくり、自らがお金に対して行動していけるようなマインドづくりを目指しています。不確実な現代に生きているからこそ、投資によってお金を味方につけ、ライフプランをより強固なものにしていくべきなのです。

第3章

年収1000万円からの家計管理

税金、保険、ローン……貯蓄なしの原因を洗い出す

なぜ高収入でもお金の管理が必要なのか

マネーリテラシーが低く高収入貧乏に陥っている人が資産形成に取り組むにあたって、最初に行うべきステップは現状把握です。

資産形成においてライフプランニングは欠かせないものですが、未来を見ることよりも、現在を見ることのほうが実は重要です。現状を客観的に把握して理想的な未来と比べることで、どのような行動が必要なのかが見えてきます。

お金の問題を抱える人は現実から目を背ける傾向があります。例えば収入に対して支出の割合が高いのに、そのことを認めない人が少なくありません。新幹線のグリーン車を使ったり、いいホテルに泊まったりと、明らかな贅沢をしているにもかかわらず、お金が残らない理由が分からないという態度を崩さないのです。

無駄遣いをやめて投資に回していれば老後も十分にゆとりある生活ができるのに、現実から目を背け続けた結果、金銭的な不安を抱えながら老後を送るとしたら、それは間違いなく不幸です。

とはいえ、現実を見たくないという気持ちは私も分からないわけではありません。お金の管理が完璧な人はまれですから、ほとんどの場合、何かしらの問題が明らかになります。これが精神的なプレッシャーになってしまいます。

このことに似ているのが健康診断です。私は長らく年に2回人間ドックを受けているのですが、今でも受ける前は不安を感じます。自分の健康状態に問題があると知ればそのあとの生活が大きく変わってしまうわけですから、やはり不安をゼロにはできません。しかし、健康診断を受けずにいると、知らないところで自分の身体の状態が悪くなっているかもしれません。自覚症状が現れた頃には多額の治療費が掛かる状態かもしれず、最悪の場合は治療できない事態になる可能性さえあります。

お金の現状把握も同じことです。問題を放置していたら、将来の生活は厳しくなっていくばかりです。今面倒を避けることで将来に大きな問題を残すことになります。問題を認識すれば半分は解決したようなものです。最初は抵抗感があるかもしれませんが、繰り返すうちに習慣になっていきますから、コツコツ取り組むことが大切です。

お金の世界はヒエラルキーになっていて、高収入の人ほど資産を蓄えやすい構造になっています。月収20万円で赤字に悩む人は、どんなに電気代や食費などの節約に努めても10万円以上をつくるのは難しいですが、月収１００万円の人なら、無駄を見直すことで比較的容易に10万円以上のお金を浮かせる可能性が十分にあります。

この浮いたお金を投資に回すと考えると、時間が経つにつれて相当な資産になっていきます。例えば４％の利回りで毎月10万円を積立投資に充てれば、20年後には約３７００万円、30年後には約７０００万円になります。

高収入貧乏は、意識を変えれば大きな資産を築くことができるのです。

家計管理と節約はざっくりでＯＫ

お金の現状把握を行ううえで、やはり家計簿は役に立ちます。ただ、完璧に記録しようとすると長続きしません。普段、仕事や子育てなどで忙しい人は、日々の出費などをすべてチェックするのは困難ですから、意気込みは薄れ、結局は三日坊主で終わってしまうことが簡単に想像できます。しかし、ある程度の期間を続けなければ問題を十分に把握できないので、家計管理を継続するための工夫を考えなくてはいけません。

何ごとも習慣化するにはスモールステップを意識することが有効です。まずはレシートやクレジットカードの明細を取っておくだけでも進歩といえます。余裕ができたら徐々に、レシートなどを見て、無駄遣いがないかをチェックしていきます。

また家計管理アプリがいろいろと出ていますから、こうしたものを使うのも効果的です。これらのアプリは、銀行やクレジットカードなどと連携して情報を自動的に取り込んでくれるので、家計管理が楽になります。

このようにして家計管理を行うと、お金の使い方に傾向が見えてくるはずです。外食が多いとか、保険料を思ったより取られているといったことを把握できれば、改善につなげることができます。

あとは無駄だと思う支出を節約すればいいのです。家計管理ができていなかった人は無意識の無駄遣いが多いので、家計管理で無駄を意識するだけでもかなり改善できるはずです。

ただし、節約するときもスモールステップを意識する必要があります。日本人は真面目な人が多いので、0か100かで物ごとを考える傾向が見受けられます。実際、私が無駄な支出を指摘すると、顧客から「全部やめろっていうことですか?」という反発を受けることがときどきあります。

いきなり全部をやめる必要はありません。仮に月に10万円の無駄遣いがあるなら、まずは1万円削減を目指し、それが達成できれば大成功です。その成功体験をもちながら継続して徐々に節約に慣れていくことで、次の段階へ踏み出せるようになり、それを繰り返しながら最終的に無駄を少しでも減らせることが大事なのです。

こうしてトライした結果、無駄だと思った支出が実は大事なものだと気づくこともあります。外食はやめようと思っても、その代わりに自炊するための労力や時間が見合わないと分かれば、ほかの支出を見直したほうがいいと判断することはいくらでもあり得ます。

お金の使い方が上手な人は、どんな支出であっても目的意識があります。無意識の支払いは徹底して避け、目的に見合った支出は惜しまず払うという正しい判断を行うためにも、家計管理を継続することが大切です。

現金払いを意識して無駄を減らす

家計の管理をするときはクレジットカードを使うのが便利です。いちいち家計簿をつけなくても明細が発行されるので、無駄な支出を洗い出すのが容易になります。

ただ、クレジットカードを過度に使ってしまうという人がいます。明細を見て無駄遣いに気づいても、再び無駄遣いを無意識に繰り返すような人は、クレジットカードの使い方を根本的に変える必要があります。

クレジットカードを過度に使ってしまう人は、2カ月ほど現金で生活してみると、支出に対する意識を変えることができるはずです。クレジットカードの使用は最低限にして、現金だけで日頃の買い物をして生活をするのです。

こうすることで、自分がお金を使うことの〝痛み〟を理解できるようになります。クレジットカードの場合、自分のお金が減っている感覚がないために無駄遣いをしがちです。現金という目に見えるものを使えば、財布がだんだんと軽くなっていくので、支払いに対する感覚が身についてきます。

いつもクレジットカードで支払いをしている人は、現金生活を始めた最初の1カ月目はかなりつらい思いをすることになりますが、そのつらい感覚が無駄遣いを抑えることにつながるのです。再びクレジットカードで支払いをするようになっても現金が減る感覚を思い出せば、無駄な出費を抑えたい気持ちが湧き上がるはずです。

同じような意味で、ショッピングローンにも注意が必要です。年収が高い人の場合、リボ払いは良くないことや、高金利は避けるべきといった最低限の知識はもっているのですが、その知識があるために無金利は得という感覚が先行して、無金利のショッピングローンを使う傾向があります。

例えばＡｐｐｌｅのｉＰｈｏｎｅなどの商品は、36回まで金利なしで購入できます。Ａｐｐｌｅの商品は近年値上がりが続いており、ｉＰｈｏｎｅは最も安い機種でも約12万円と高額です。これを一括で買うのは躊躇してしまうとしても、36回払いなら毎月３０００円ほどで買えます。こう見ると、金利がないのは非常に便利でありがたい話ではあるのですが、支出のハードルを大きく下げるので、結果として無駄遣いを引き起こしやすいのです。本当は今使っているスマートフォンでもなんの問題もないのに、月３０００円で最新機種にできるならと思って、お金を出してしまうのです。

また、エステやジムなどの美容関係の支出にも注意が必要です。やはり無金利の分割払いをうたって高額な料金を取るケースが少なくありません。悪質なケースとしては、代金を受け取ったあとに倒産して、サービスの提供を止める会社もあります。

たとえ金利は払わずに済んでいても、そもそもの購入代金が家計に見合っていないのにまんまと買わされているようなもので、結果的には不必要に資金を失っていることになります。そのようなサービスを受けることが悪いわけではありませんが、蓄積すれば当然家計を圧迫しますし、投資に充てられる資金も少なくなってしまいます。

家計の無駄を洗い出す

今は共働きが増えているので、夫婦で財布が別々という家庭が少なくありません。なかには配偶者の収入や支出についてまったく関知しないという家庭もあります。

しかし、家計管理を行う観点からは、ある程度は夫婦間で情報共有をして、ライフプランを描いていく必要があります。特に自宅購入や子どもの教育、保険といった支出は、家族全員に影響のあるものです。こうした支払いについては、夫婦で話し合ったうえで適切な支出を考えなくてはいけません。

年収1000万円程度の人によく見られるのが、習いごとにお金を使い過ぎるという点です。私が子どもの頃は、習いごとをさせる家庭でもせいぜい週に1、2回程度でしたが、今は子どもを週5で習いごとに通わせている家庭も少なくありません。学研総合研究所の2019年8月の「小学生の日常生活・学習に関する調査」によると、習いごとをしている子どもの割合は80・4％で、これは1989年の調査の39・1％の倍以上の値です。

私としては、子どもの教育に力を入れること自体は否定しません。むしろ不確実な世の中ですから積極的に教育を行うのは正しい判断だと賛同できます。ただし、その支出が収入に見合ったものなのかは考えなくてはいけません。あまりに習いごとにお金を掛けた結果、子どもが高校や大学に進学するときの学費が不足するという事態にもなりかねないからです。

習いごとなどにお金を掛け過ぎてしまうケースで気をつけたいのは、お金の管理をする人と習いごとをするしかないかの判断をする人が異なることです。例えば収入や資産はすべて夫が管理しているのに、子どもの習いごとは妻が判断するといった形です。このような場合、これくらいの習いごとなら払えるだろうと高をくくって、収入に見合わない習いごとにお金を掛けてしまうことがあります。私もこの2023年から子どもの起業を促進させる習いごとの事業に参画しましたが、そこでもお金の勉強をする以上、子どもたちの親には無理のない資金投下をしてほしいと考えています。

理想は、夫婦で収入や支出などをすべて共有したうえで、家計全体としてこれくらい余力があるから支出はこうするといった戦略を立てることです。家族で家計の情報共有をすることで、自然と無駄遣いは減っていきます。

私の顧客でうまくいった事例として多いのが、妻に財布を預けて責任をもたせる方法です。日本では共働きが増えてきたとはいえ、今も収入の柱は夫の稼ぎという家庭は少なくありません。そのような家庭で夫が収入を好きに使える状態にしていると、飲み代などの無駄遣いが増えがちです。そうした問題を、家族のチェックを入れることで防ぐことができます。

無駄な固定費を見直す

高収入貧乏にも程度の差がありますが、なかには年収1000万円でほとんど資産がないという人がいます。その原因はさまざまですが、多くの場合に見られるのが、無駄な固定費です。

固定費は、定期的かつ一定に発生する費用であり、住居費や光熱費、保険料などが該当します。高収入貧乏の場合、特に家・車・保険の3つに掛かる固定費に無駄が多く、固定費の見直しにあたってはここにメスを入れるのが非常に効果的です。光熱費も節約するに越したことはありませんが、生活に必要な最低限の消費を削ることはできませんし、節約の成果として実感される金額も限られます。家・車・保険であれば、比較的容易に少なくとも数万、数十万単位の削減が見込めますから、まずはここに着手すべきなのです。

住宅ローンをチェック

固定費のなかの家に相当する住居費についても、やはり高収入の人ほど多く掛ける傾向があります。これは利便性やセキュリティ面で優れた場所で暮らしたいという合理的な理由だけでなく、なんとなくブランド意識からということも少なくありません。

例えば東京の港区は人気の高いエリアですが、家族で住める広さのマンションに住もうとすると、家賃は30万円程度になります。これに駐車場代が加わると、年収1000万円あっても家計は赤字になってしまう可能性が高いです。

持ち家を買う場合も、身の丈に合わない物件をフルローンで買ってしまうと家計は一気に苦しくなってしまいます。今は頭金をほとんど入れない人が多く、なかには夫婦でペアローンを使って高額な住居を買う人がいます。

住宅金融支援機構の「2021年度　フラット35利用者調査」によると、年収に比べた住宅購入費が年々増加しています。これは住宅の価格が高くなっていることに加えて、歴史的な低金利により、高額なローンが借りやすくなっていることが原因です。

いまや住宅ローンの変動金利が0・5%を下回るという歴史的な低金利となっており、そのために、今家を買っておかないと損をするという空気感が近年高まっていました。しかし、あまりに高いローンを組むと、家計が破綻するリスクは確実に高まります。特に頭金なしでペアローンを組むようなケースでは取り返しがつかなくなる可能性が高いです。

例えば、これは意外なほどよく耳にするケースなのですが、家を買ったのち、近所に迷惑な住民がいて生活が極端に圧迫され、住みづらいという場合です。賃貸なら比較的簡単に引っ越せますが、持ち家だとそうはいきません。特にフルローンで買った場合、家を売ろうとしても売却代金がローンの残債を下回るので、動くに動けない状況に陥ります。日本では住宅は買った瞬間に1割程度は価値が下がるので、このような問題が起きてしまうのです。

また、夫婦でペアローンを組んだあとに、夫婦の片方が仕事を辞めたり、離婚したりす

【図表16】年収倍率（注文住宅・土地付注文住宅）

〈年収倍率（注文住宅）〉

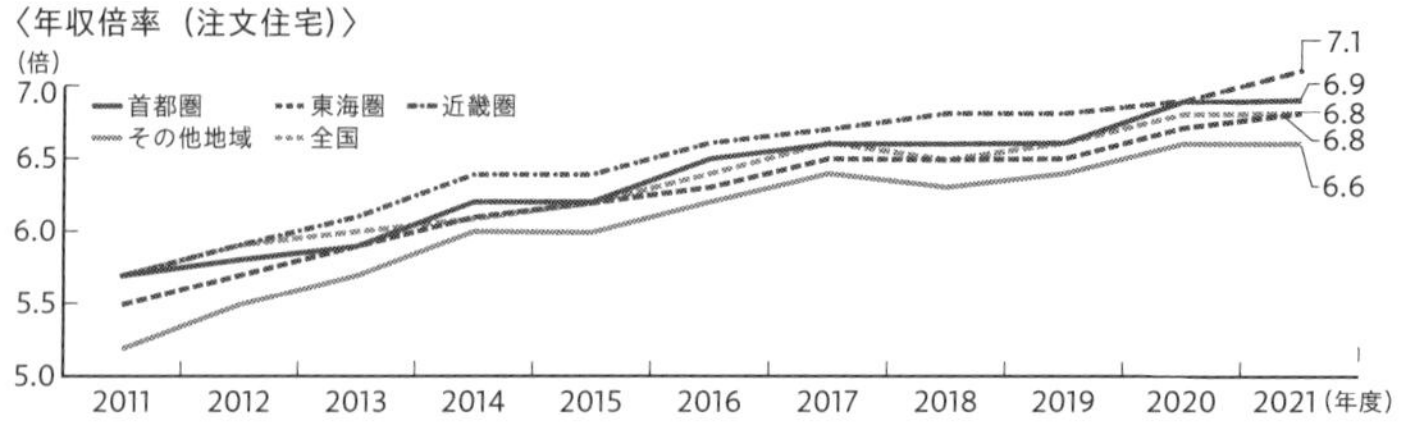

〈年収倍率（土地付注文住宅）〉

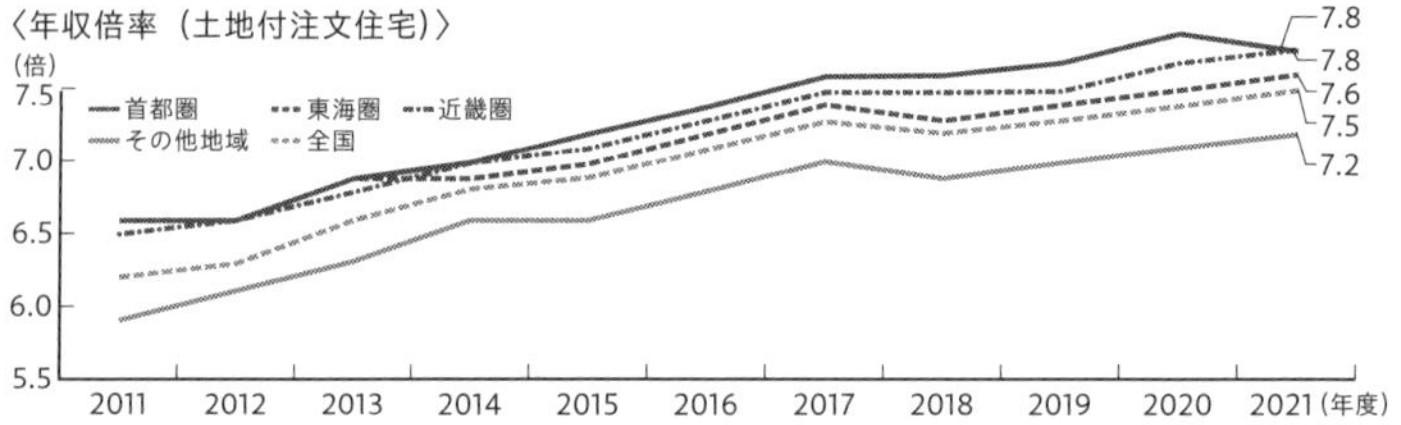

出典：住宅金融支援機構「フラット35利用者調査」2021年

【図表17】年収倍率（建売住宅・マンション）

〈年収倍率（建売住宅）〉

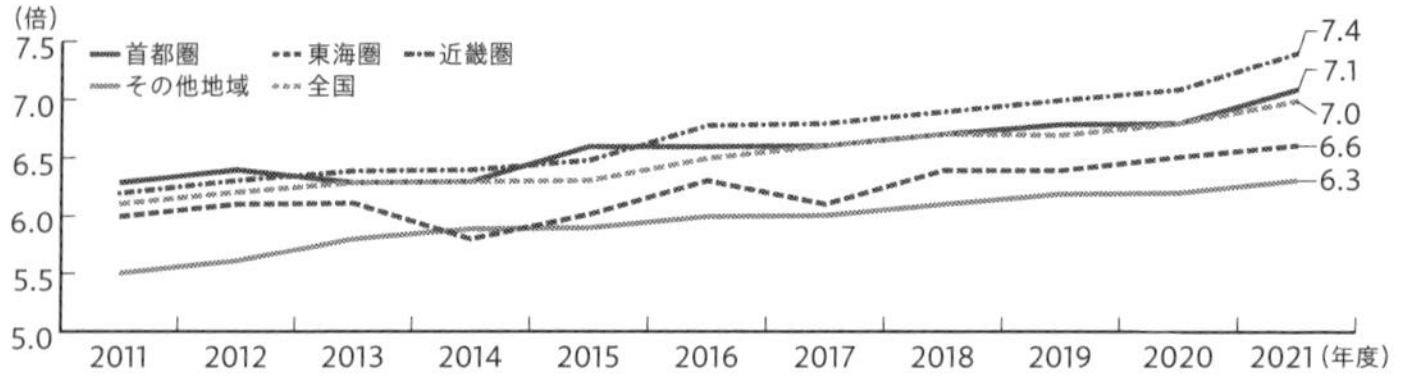

〈年収倍率（マンション）〉

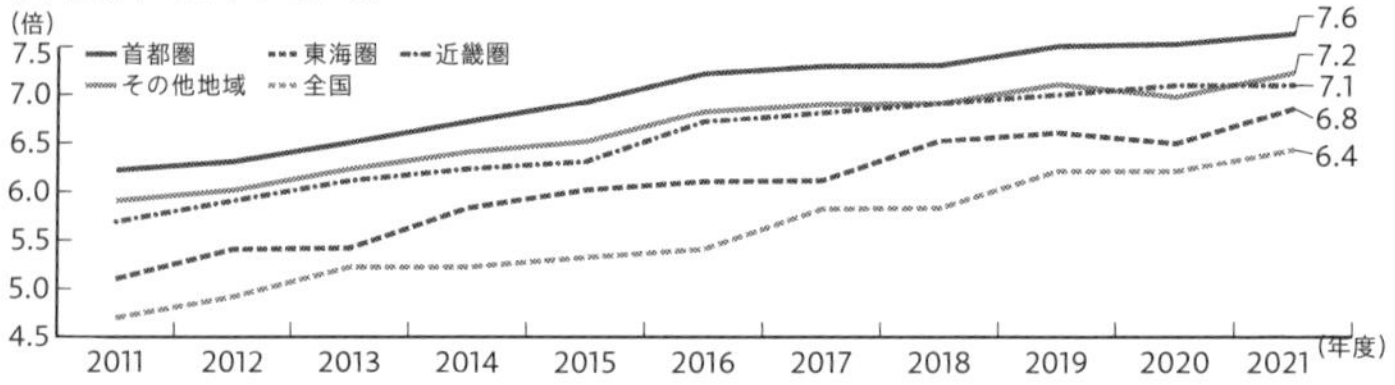

出典：住宅金融支援機構「フラット35利用者調査」2021年

【図表18】年収倍率（中古戸建て・中古マンション）

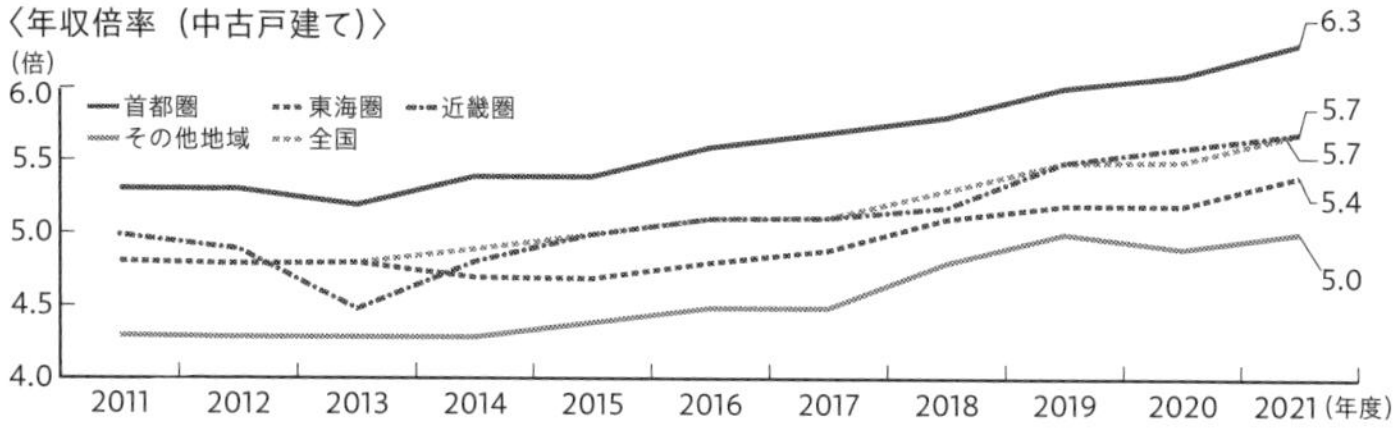

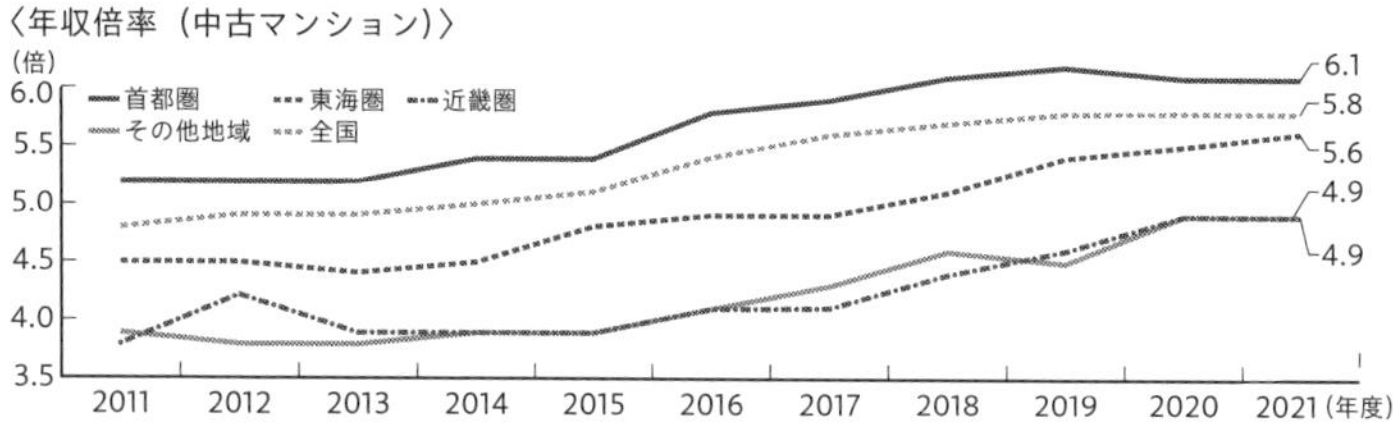

出典：住宅金融支援機構「フラット35利用者調査」2021年

ると、かなり困ったことになります。ローンを返済できなくなったり、離婚調停で揉める原因になったりする可能性が考えられます。

さらに、現状は低金利とはいえ、変動金利を選択した場合には将来利上げが行われるとローン返済が増えてしまいます。35年ローンを組むとして、35年間金利が上がらない保証はまったくありません。

日本の住宅ローン審査は時代遅れであり、借入時点の収入や職業などの情報しか考慮していないことは、実は大きな問題です。今は働き方が多様化し、離婚率も高まっているわけですが、住宅ローンを借りる時点の状況が整ってさえいればローン審査は通ります。

そうなると、ローンを借りる人自身が将来のリスクを踏まえて慎重に考えなくてはいけません。持ち家を買ったあとに転居が必要になったり、家族構成や収入などが変わったりする可能性を視野に入れる必要があるのです。

そこで現実的な答えとなるのが、頭金をある程度出すということです。少なくとも購入代金の1割、理想的には3割の頭金を貯めてから家を買うことで、さまざまなリスクを防ぐことができます。またローンの期間も35年間ではなく、20年程度で考えておくのが無難です。

頭金を多く入れ、返済期間を短くすることでローンの総返済額が減りますから、金利上昇や収入ダウンなどが起きたときの影響を抑えることができます。また、いざというときに持ち家を売却するとして、ローンの残債が少なければ売却代金で完済して、次の住まいに移ることができます。

持ち家を買うべきタイミング

住宅を買うにあたって、ローンを確認して見通しを立てても、実際に家を買うタイミングは慎重に考えたいものです。住宅は生活と直結するがゆえに、ライフスタイルの変化と合わせる必要があるからです。

住宅金融支援機構の「2021年度　フラット35利用者調査」では、フラット35の住宅ローンを利用する人のうち、30代が最も大きな割合を占めています。その次は40代で、50代以降の利用者は少数派となっています。

では30代が家を買うべきベストのタイミングなのかというと、私はそうは思いません。むしろ50代以降に持ち家をもつほうが合理的と考えることもできます。

現代は、家族構成や働き方が変わりやすい時代になってきています。そのため、例えば4人家族が4LDKの住宅を買ったとしても、いずれ子どもが家を離れれば不要なスペースが生まれます。特に戸建ての場合は、2階建てや3階建てで建てるケースが多いですが、高齢になると階段の上り下りが負担になるので、そのことも考えておかなくてはいけません。

また、あまり考えたくないことですが、離婚の問題も一応は頭に入れておくべきです。厚生労働省による「2022年度　離婚に関する統計の概況」によると、離婚率が最も高いのは30代であり、まさに子育て世代です。

このような事実を踏まえると、家族がいる前提で持ち家を買うと、無駄になる恐れもあります。したがって、子育てが終わるまでは賃貸に住みリスクヘッジをするのが合理的とも考えられます。

とはいえ、ずっと賃貸を続ければいいかというとそうではなく、高齢になる前に家を買っておく必要があります。日本では高齢になると賃貸の審査が通りにくくなるからです。仮に高齢者を受け入れる住宅が見つかったとしても、自分が望むような住環境ではないかもしれず、老後に家賃を支払い続けるのはやはり大変です。

そう考えると、50歳くらいになってから家を買うことは理にかなっています。これくらいの年代になると、子育ての終わりが見えてきますから、老後のライフスタイルが固まりやすいです。

夫婦で暮らせる広さであれば、地方で探せば500万円ほどで買えますし、リフォームにお金を掛けても1000万円程度に収まります。また、ローンを組むにしても35年ではなく20年程度で組むことになるので、返済期間に応じて増える金利の節約にもつながります。

20代や30代で35年ローンを組んで家を買うのが合理的だった時代はすでに過去のものです。同じ会社で一生涯勤め上げ、親子が一緒に暮らす時代ではないので、変化に合わせて住居の計画を立てなくてはいけません。

車はカーシェアかグレードを下げる

高収入貧乏の人にときどき見られるのが、車に必要以上のお金を掛けているケースです。車はステータスシンボルでもありますから、どうしても収入に応じて高くなりがちです。

車の特徴として、グレードの高い高級車ほど維持費が掛かります。高級車は軽自動車などと比べて燃費が悪く、自動車税などのコストもかさみます。特に輸入車の場合は修理のために部品を取り寄せるのに多額の費用が掛かってしまいます。

そして都会に住む場合は、やはり駐車場の問題が大きいです。東京の港区や渋谷区などの都心の場合、月額で5万円ほど掛かってしまいます。この金額は地方のワンルームの家賃に匹敵する水準です。

このように車をもつとかなりのコストが掛かるので、節約の余地は大いにあります。そこでまず検討したいのがカーシェアです。カーシェアは、会員同士で車をシェアするサービスで、使ったときだけコストが掛かるしくみになっています。

近年カーシェアは増加の一途をたどり、身近な存在になってきました。公益財団法人交通エコロジー・モビリティ財団による2021年3月の調査では、カーシェアを利用する会員数は220万人を超えています。

カーシェアの費用は、使った時間や距離に応じて決まります。月額使用料のなかにガソリン代や車検代などの維持費がすべて含まれているため、コスト体系がシンプルです。実際の費用はカーシェアの会社によって違いますが、車種によっては4290円で6時間まで利用できます。

車を購入した場合の費用がかさみがちなのは、コストが見えにくいことも理由に挙げられます。当初の購入費だけでなく、車検代や洗車、ガソリン代、保険料など、さまざまな維持費が掛かってくるので、知らないうちにお金がなくなってしまいます。

その点、カーシェアであればコストが目に見えて分かるので、節約への意識も高まります。車を利用する人にとってカーシェアは最適解となり得ますが、近くにカーシェアのステーションがない人や、どうしても車を所有したいという人もいるので、全員がカーシェアにするべきだというわけではありません。ただし、車の所有が前提となる場合であっても、車のグレードをワンランク下げたり、安い駐車場を探したりして、固定費の削減に努めることは固定費削減を行ううえで非常に有効になります。

保険に入り過ぎていないか、無駄を見直す

住居費や車の費用の節約が大事なことは間違いありませんが、生活と直結しているがゆえに、改善が難しい場合があります。特に地方に住んでいる人は、持ち家や車の所有が必須となることが多いです。

その点、固定費のなかでも保険料は比較的改善しやすく、効果も大きいものといえます。そもそも無駄な保険に入っている人が少なくないので、これを見直すだけで家計改善につながるからです。

高収入世帯の家計チェックをして感じることですが、保険について間違った考えをもっている人が少なくありません。本来の保険の役割は、「生活の保障」にあります。突然の病気や怪我で収入が減ったり、災害で財産を失ったりした場合、生活を立て直すために保険が役立ちます。しかし、こうした本来の目的ではなく、投資のつもりで保険に入っている人があまりにも多いのです。そして、高い保険料を払うことによって、株式などの投資に充てられるお金がないという矛盾した状況が生まれます。

保険商品には、大きく分けて掛け捨て保険と貯蓄性保険の2つがあります。この2つを簡単に比較すると、掛け捨て保険は満期金や解約返戻金が出ない保険、貯蓄性保険は解約返戻金が出る保険という点が違います。

例えば死亡保険の場合、掛け捨て保険であれば、保険期間内に死亡するとあらかじめ契約していた金額の保険金が支払われます。そして、保険期間内に死亡しなければ保険金は支払われません。

一方、貯蓄性保険の場合、保険期間内に死亡すると保険金がもらえるのはもちろん、死亡せずに保険期間の満期を迎えると満期金がもらえます。さらに、保険期間中に途中解約をした場合も、解約返戻金として金銭が支払われます。

このように比較すると貯蓄性保険のほうが有利と思われがちですが、決してそうではありません。同じ保障内容であれば、掛け捨て保険よりも貯蓄性保険のほうが保険料は高くなるため、家計への負担が重くなってしまうのです。

貯蓄性保険の商品が売りにしているのは運用益を出せるという点です。確かに、商品によっては払い込む保険料よりも満期金のほうが多くなります。また、途中解約する場合も解約時期によっては利益が生じます。しかし、そうした保険で得られる利益は、投資で得られる利益よりかなり少ないのが現実です。このことから、投資目的を兼ねて貯蓄性保険に高めの保険料を払い続けるよりも、掛け捨て保険にして、その差額で投資をするほうが合理的だという答えが導き出されます。

貯蓄性保険で保険会社が顧客に利益を還元できるのは、顧客から預かった保険金を元手に運用して利益を得ているからです。例えば日本生命は、公社債や株式などで運用を行っていることを公表しています。

こうして運用した利益から、保険会社は自身の手数料を差し引いたうえで顧客に還元するというのが基本的な構造となっています。

【図表19】一般勘定資産の構成（2021年度末：75兆3,599億円）

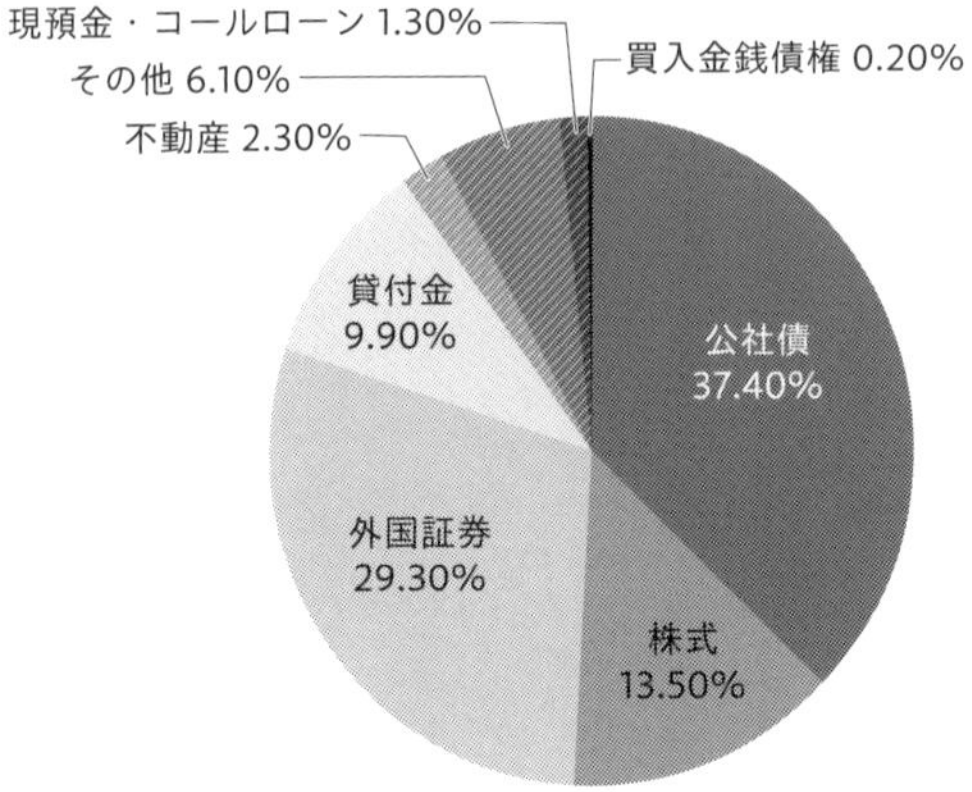

出典：日本生命「日本生命の資産運用について」

そう考えると、最初から保険会社を通さずに自ら投資をして運用益を得たほうがいいに決まっています。保険会社が投資をしている公社債や株式などに自分で投資をすれば利益をそのまま受け取れるので、保険会社が得ている手数料分も自分のものになるわけです。

私は信用金庫に勤めていた頃に保険会社の運用のしくみを知り、貯蓄性の保険は意味がないのではないかと気づきました。それでも当時は商品によっては高い利回りのものがあったので、案内をする際に、定期預金よりも保険のほうが利回りがいいと言って勧めていました。

しかし今は貯蓄性保険の利回りはおしな

べて低くなっています。また、株式などの多様な投資手段があるわけですから、あえて保険を投資目的で用いるメリットはありません。

そのため、貯蓄性保険から掛け捨て保険への切り替えが大切です。保険商品は複雑ですが、まずは貯蓄性保険を掛け捨て保険に切り替えるだけでも、無駄な保険料を抑えられるはずです。

学資保険に入る意味はない

掛け捨て保険と貯蓄性保険の違いを理解すると、学資保険に入る合理性がないことが分かります。学資保険とは、子どもが一定年齢になったときに「祝い金」の名目で保険金が支払われる保険です。万が一、保険期間中に親が死亡したときも、保険料が免除になるうえ、契約した祝い金はきちんと支払われます。

私はときどき、学資保険と投資信託の積立投資のどちらがいいかといった相談を受けるのですが、これで悩むこと自体が私としては考えられません。学資保険のしくみを理解すると、あえて利用するメリットがほとんどないからです。

学資保険は死亡保険と投資が組み合わされたものになっています。

例えば「子どもが20歳に達すると250万円の保険金が下りる」「保険料の総額は240万円（毎月1万円を20年）」という設計の学資保険があるとします。この数字は、現在販売されている学資保険の返礼率（払込保険料に対する保険金の比率）が良くて5％程度ほどなので、この水準に合わせています。

これを投資として考えると、20年間の積立投資で240万円が250万円になったのと同じです。これを見て、増えているからいいのではないかと思うかもしれませんが、投資という意味では低過ぎます。

株式や投資信託であれば、確実とはいえませんがおおむね年率4％ほどのリターンが見込めます。もしこの年率で月1万円の積立投資をしたとしたら、20年後には366万7746円に増えている計算です。このように比べると、学資保険には投資としての魅力がないことが分かります。

保険の尺度から学資保険を考えてみると、学資保険は保険期間中に契約者である親が死亡した場合、保険料の支払いが免除され、かつきちんと祝い金が支払われます。学資保険は自分に万が一のことがあっても子どもの教育費は最低限用意したいという人が利用していますが、これは掛け捨ての死亡保険でも実現できるのです。むしろ掛け捨て保険のほうが保険料を抑えられる点で優れていると考えることもできます。

このように学資保険に入るよりも、安い掛け捨ての死亡保険に入って、投資でお金を増やすほうが合理的だと考えるのは合理的に結論づけた一つの結果です。

公的保険との重複をチェック

保険の見直しにあたっては、とにかく減らせばいいというものではありません。死亡や病気などのリスクは常にあるため、必要な補償はきちんと確保する必要があります。

このときに意識しておきたいのが公的保険です。日本では誰もが公的保険に加入しており、その補償を受けられます。したがって、公的保険の補償を理解し、不足するものを民間の保険で補うという順序で考えることが大切です。

公的保険の基本は、治療などに掛かる窓口負担が3割になるというものです。あらゆる医療費が3割になるわけではありませんが、大半のものは保険診療として3割負担に収まります。

また、住む場所や所得金額によりますが、子どもの医療費を無料にする地方自治体が少なくありません。その多くは15歳までの医療費の自己負担がゼロになるというものです。

高額療養費制度もありがたい制度です。高額療養費は、医療費が自己負担限度額を超えると、超えた部分は全額補償してもらえるというものです。差額ベッド代などは対象外ですが、基本的な治療費や薬代などであれば高額療養費制度が適用されます。

ちなみに高額療養費の自己負担限度額は収入などによって異なります。例えば年収1000万円の人が、1カ月で100万円の医療費が掛かったなら、自己負担は17万1820円に収まります。

会社員であれば、さらに手厚いサポートを受けられます。病気などで仕事ができなくなると収入ダウンが不安ですが、会社員は有給休暇を使えます。万が一有給休暇を使い切ったとしても、申請すればしばらくは傷病手当金として給料の3分の2が支給されますし、退職した場合も失業保険が支払われます。

療養費や収入ダウンへの補償に加え、死亡をしたときの遺族年金、障害を負ったときの障害年金も心強い存在です。支給される金額は働き方や収入などによって異なりますが、月額でおおむね10万円前後が支給されます。

これら公的な補償を踏まえると、民間の医療保険や死亡保険などの必要性が薄れていきます。生活費の半年分ほどを貯めていれば、ほとんどの場合はなんとかなると考えられます。

このような事実を保険会社の人はもちろん把握していますが、積極的に話しません。基本的には顧客を不安にさせたほうが売上につながるわけですから、当然のことです。したがって、保険に入る人自身が冷静に考える必要があるのです。

私の考えでは共済保険に入っておけば、保険料の無駄がありません。共済に加入すると、月2000円ほどの保険料で、最低限の死亡保険や医療保険などを受けることができます。また、保険料の一部が毎年返戻金として戻ってくる点も魅力的です。

あとは、自分が負っているリスクに応じて保険を組み立てていきます。例えば、女性はがんにかかりやすい傾向が高く、家系によっては心筋梗塞や脳卒中にかかる可能性が高い場合もあります。このような状況に合わせて無駄なく民間の保険を利用する必要があるのです。

貯蓄性保険はライフステージの変化に対応できない

私が貯蓄性保険よりも掛け捨て保険を利用すべきだと考えるのは、保険料の問題だけではありません。貯蓄性保険のもう一つの問題点は、柔軟性がないことです。日本の貯蓄性保険は、契約年齢によって保険料などがしっかり設定されています。そのため、契約をしたあとの見直しが簡単ではありません。

例えば、保険料の支払いを配偶者の収入に頼っていた人が離婚した場合や、反対に結婚して配偶者の分も負担することになった場合などに、プランの見直しがしにくいのです。いずれの場合もそれまでより保険料の負担が大きくなるため、保障金額を調整するなど現実に合わせて継続したいと思うところなのですが、貯蓄型保険の多くでは縛りがあってそれが難しく、結局は解約してほかの保険に切り替えることになります。高額な保険料を払い続けた挙げ句、期待した十分な返戻金を得ることができず、また一からプランを開始することになるので、当初の貯蓄目的そのものがそこで崩れてしまうわけです。結婚や離婚は極端な例ですが、長期にわたって払い続けるものだからこそ、生活の変化への柔軟性は軽視できない要素なのです。

掛け捨て保険の場合、このような縛りがありません。保障を増やすことも、逆に保障を減らして保険料の負担を抑えるのも、掛け捨てであればすぐにできます。

ちなみに海外では保険を第三者に販売するしくみがあり、いらなくなった貯蓄性保険を売ることで、保険をアレンジすることが可能です。しかし、今のところ日本ではそうしたしくみがないので、貯蓄性保険の利用は慎重に考えなくてはいけません。

現代の日本はライフステージの変化が一律ではなく、転職や結婚、離婚など、さまざまな変化を想定しておくべき時代ですが、貯蓄性保険は時代に合っていないのです。

自分のリスク許容度を把握する

家計の現状を把握し、無駄を減らしていくと、ようやく投資を始める準備が整います。保険料の節約などで浮いたお金を、投資に充てていくべきタイミングです。

ここで改めて考えておきたいのが「リスク許容度」です。株式などに投資をした場合、プラスになる可能性もマイナスになる可能性もありますが、マイナスになった場合、どれくらいなら耐えられるかという度合いがリスク許容度です。

資産形成を行ううえでネックとなるのがリスクをゼロにしたいという考えです。世の中の投資で得られるリターンとリスクは比例していますから、お金を増やしたいけれど、リスクはゼロにしたいということは成り立ちません。

リスク許容度を考えるときは、いくつかの前提条件があります。まずは年齢や家族構成、収入、資産を整理します。

例えば年齢で考えると、若い人のほうがリスク許容度は高いといえます。若い人は、投資で損をしたとしても長い人生を掛けて取り戻すことは十分に可能だからです。働いて収入を得る時間が長いうえ、投資に掛けられる時間も多いので、リスクを多く取ることができます。

しかし、定年退職をして年金生活の人であれば、資産を減らすと致命傷になりかねません。ときどき退職金を高リスクの商品に投資をする人がいますが、ひとたび損をすると残りの人生で取り戻すのは困難です。

例えば100万円を投資して、これが1年で95万円に目減りしたなら年率5％で損したことになります。これを元に戻そうとして翌年に年率5％のリターンで運用すれば元に戻るかというとそうではありません。95万円×105％＝99万7500円ですから、1年以上の時間を掛ける必要があります。

働き方もリスク許容度を左右する要素です。同じ年収1000万円でも、サラリーマンと自営業者では、やはりリスク許容度は違います。安定した収入のあるサラリーマンならリスクを取れますが、自営業者は収入が不安定な分、ある程度手堅く考える必要があります。

リスク許容度は、年齢、家族構成、収入、資産といったファクターとともに、個人の価値観も影響します。収入などから見ればリスクを負える人でも、どうしても資産が目減りすることに抵抗感があるならば、リスク許容度は小さくなります。そうした人は、投資を始めても長続きしません。本来は長期的に投資をして資産を増やすべきであるにもかかわらず、短期的な損失に耐えられず投資をやめてしまうのです。

そんなことのないように、資産形成を成功させるためにもリスク許容度を上げていく必要があります。まずは少額から投資を始め、少しずつリスクを受け入れることが大切です。

自分はリスク許容度が高いと思う人も、やはり少額から始めるのが望ましいです。自分のイメージでは10％までの下落には耐えられると思っていても、実際に経験すると違った感覚を覚えるということはよくありますから、まずは試してみることです。

投資で資産を増やそうと意気込むあまり、運用できる資金の全額をリスク資産に投じるというのはどのような人にとっても悪手だと断言できます。もちろん思いどおりに事が進んだときのリターンはそのほうが大きいのは確かです。実際に、株式投資では新興企業の銘柄などで急上昇した結果、みるみるうちに10倍、20倍になるということはあります。そのときに、100株もっているか1000株もっているかでは大違いですから、こういった話を聞けば投資できるだけ投資しておきたいと思うのは分かります。

しかし同時に、それが半分、あるいは10分の1になることも考えに入れておかなければいけません。投資は一発勝負ではなく、長期運用です。この心構えをもって、身の丈に合った投資を堅実に、ただし積極的に展開することで、最終的に資産を充実させることが目的なのです。

リスク許容度が小さい人は投資に向かないとはいうものの、だからといって、むやみにハイリスク・ハイリターンに手を出すのは、投資ではなくギャンブルです。当たれば楽しいのは事実ですが、人生を掛けて、あるいは大切な家族の未来をまきこんでやるべきことではありません。またいちいち勝ち負けに神経をすり減らしていたのでは、長期運用などをするまでもなく精神がもたなくなるに違いありません。

人それぞれリスク許容度が違うことを意識し、自分にとって無理なく投資を続けられる状態をつくることが大切です。

第4章

年収1000万円からの理想の資産形成

中長期を見据えてお金を3つに分けて投資する!

個人の貸借対照表（ＢＳ）を作る

家計簿は日々のお金の出入りをチェックするために使うものです。これによって無駄な固定費などを減らせば、お金が残りやすくなっていきます。このようなお金の動きの管理は、会社の場合、損益計算書（ＰＬ）によって行われています。

このＰＬとともに重要なのが、貸借対照表（ＢＳ）です。ＢＳには特定時点の会社の資産や負債などが記載されています。つまり、ＰＬでお金の動きを見るとともに、ＢＳで会社の財務状況を見る形になっています。

個人の家計管理においても、家庭における家計簿にあたるＰＬだけでなくＢＳのチェックが必要です。家計簿などでお金の動きをチェックするだけでは、自分の資産や負債がどれくらいなのかが分かりません。きちんとお金を残していると思っていても、実は負債が多い債務超過の状態になっていることもあり得ます。

個人でＢＳをチェックし、活用していくのは煩雑そうに思えますが、決して複雑なものではありません。しくみとチェックの手順を把握できれば、誰にでもできます。

【図表20】貸借対照表(BS)の例

資産		負債	
預金	300万円	住宅ローン	1800万円
株式	150万円	自動車ローン	300万円
投資信託	300万円	クレジットローン	100万円
不動産	2000万円		

まず行うべきは、実際にBSを作ってみることです。とはいえ、会社のBSのように細かく作る必要はありません。ざっくりと、資産と負債を並べてみるのです。

例えば毎年12月31日にチェックをするのであれば、その日の時点の預金残高や株式の時価、ローンの残債などを書き出します。会計のルールにならって、左側の列に資産を、右側の列に負債を並べると比較しやすいです。

こうして資産と負債を比べると、いろいろな気づきがあるはずです。資産がたくさんあると思っていたけれど実は債務超過になっているとか、預金に比べて株式の割合が少な過ぎるからもっとリスクを取ってもいいかもしれないといったことを認識できれば、まずは十分です。

資産を「流動性」「安定性」「収益性」で分ける

個人のＢＳを作ったら、そのバランスに目を向けます。身体の栄養バランスと同じで偏りがあると良くないので、適切なバランスになっているのかを確認します。

例えば、資産のほとんどが預金に偏っているのであれば、株式や投資信託などの投資にお金を回したほうが良いと考えることができます。また、ローンの残債が多いのであれば、繰上返済を考えたいところです。

こうしたバランスを考えるうえでヒントになるのが、資産を「流動性」「安定性」「収益性」の３つのタイプに分けるという方法です。預金や株式、保険など、資産はそれぞれに特徴があり、役割が違います。その役割を理解して、ライフプランに当てはめていくことで、状況把握に役立ち、判断の指針を得ることができるのです。

いざというときの備えは流動性重視

流動性の高い資産の代表は現預金です。何か突発的に支払いが必要になった場合、手持ちの現預金が必要になります。こうしたときに、例えば不動産のように換金が難しい資産しかもっていないと、支払いに窮するのは明らかです。

私は資産を預金に集中させることには反対ですが、預金がまったく必要ないとは考えていません。やはり、日々の生活費や、目の前に迫った支払いに備える意味では、預金が最適です。

私の顧客のなかには、年収1000万円クラスでありながら預金がほぼないという人がいます。そうしたときに私はいつも、半年分の生活費の預金を貯めるよう促しています。

さらに細かく考えるなら、「年代プラス1カ月」という目安でも構いません。20代なら3カ月、30代なら4カ月、40代なら5カ月といった形です。このように年代ごとに差をつけるのは、収入が減ったあとのリカバリー力の違いによるものです。

若い人であれば、会社の倒産のような事態になっても、2カ月あれば転職できると考えられます。しかし年齢が上がるにしたがって転職は難しくなっていきます。日本は今なお終身雇用型の社会ですから、高年齢者の転職には時間が掛かるのが普通です。

さらに、年代が高くなるほど、病気のリスクや家族の介護など、さまざまな問題が起きがちですから、できるだけ年齢に合わせて生活費を多く蓄えておく必要があるのです。

その一方で、現預金は収益性に劣ります。日本銀行が定めたインフレターゲットである年率2％を超えるリターンを得ることはできないので、現預金を多くもっていると物価上昇によって自然と購買力が落ちてしまいます。必要最低限の現預金を確保したら、次に安定性、収益性の高い資産に目を向けなくてはいけません。

損をしたくないなら安定性にこだわる

すでに退職が見えている年代の人の場合、老後のために蓄えた資産を減らすリスクは避けるべきです。そうした場合、リスクの高い資産から安定性の高い資産にシフトさせる必要があります。

安定性の高い資産は、元本割れのリスクが低く、かつ多少はリターンが見込めるものです。このカテゴリーには、国や地方自治体が発行する債券や、インフレ時の金などが入ります。貯蓄性保険も安定性資産といえますが、私の考えでは保険はあくまでもリスクへの備えとして使うべきものですから、あえて貯蓄性保険を利用する必要はありません。

債券とは、国などの発行体が投資家から資金を募るために発行する有価証券です。発行体は約束した期限までに、一定利率の利息を支払う形になっています。

したがって、例えば国債を買うのであれば、これは国にお金を貸しているのと同じです。貸している期間は利息がつき、返済日（償還日）に元本とともに戻ってきます。債券には、国債のほかにも地方自治体が発行する地方債、企業が発行する社債などがあります。

債券が安定資産に位置づけられるのは、株式などに比べて値動きが小さいからです。また、事前に約束していた割合で利息が支払われるので、リターンを予測しやすくなります。

株式の場合、値動きが大きく、銘柄選びに失敗すれば大きな損を被る可能性があります。また、株主に配当金を支払う会社があるものの、配当は会社の意思決定次第なので、もらえるとは限りません。

このように、債券は株式よりも安定性が高いのですが、その代わりにリターンが大きくないというデメリットがあります。日本の国債の場合、利率は5年間の固定金利方式で年率0・05%です。普通預金の利率0・001%に比べると50倍ですが、それでも高いとはいえません。さらに、債券の利子から税金が引かれるので、0・04%以下のリターンになってしまいます。

気をつけたいのは、債券のなかにもリスクが高い商品がある点です。そうした債券は利率が高く設定されている代わりにリスクが高いという特徴があり、「ハイイールド債」や「ジャンクボンド」などと呼ばれています。

債券は安定資産ですが、リスクがゼロというわけではありません。債券の発行体の資金繰りが悪化し、償還日になっても元本や利息を支払えないという事態に陥ると、債務不履行（デフォルト）になってしまいます。高利回りの債券の場合、こうしたリスクが高くなります。

債券で高いリターンを狙った結果、かえって損をする可能性がないわけではないので、やはり商品選びには注意が必要です。安定性資産を増やしたいのであれば国債や地方債を買い、収益を狙うときは株式や投資信託などを買う方法がシンプルかつ有効です。

ちなみに、海外の国債という選択肢もあり、円安が進んだときの保険代わりとして考えるというのもあり得ます。海外の債券は日本国債に比べて金利が高いものも多く見られ、米国国債もその一つです。長期保有できる米国国債を保有しておけば、その金利の高さだけでなく、為替が変動した際に差益を得ることもできるのです。

ただし、為替の変動は反対に作用することもあるので、あくまでも分散投資の一選択肢として見るべきものではあります。

豊かな将来のためには収益性が重要

流動性、安定性に続く、最後のタイプが「収益性」です。収益性の高い資産は、その名のとおりリターンを期待できる資産です。ある程度はリスクを取りつつも、資産を増やしていきたい人は、収益性を高めていく必要があります。

収益性資産の代表は株式です。会社の株を買って、その株が値上がりすれば利益を得ることができます。さらに、会社によっては配当金や株主優待をもらえます。

株価が変動する原因はさまざまですが、基本的にはその株式に対する需給バランスによって金額が決まります。株を買いたい人が増えれば株価は上がり、逆に売りたい人が増えれば株価は下がります。

株価は短期的に大きく上下に振れるので、変動を先読みするのは投資のプロでも難しく、短期売買で利益を狙うのは現実的ではありません。しかし、数十年単位の長期投資を行うのであれば、株式で利益を得られる可能性は高くなります。

株式投資を成功させるには銘柄選びが肝になります。日本の上場企業の数は２０００社を超えているので、ここから優れた銘柄を選ばなくてはいけません。

銘柄の選び方はさまざまで、例えば会社の決算書に目を通し、ＰＥＲ（株価収益率）やＰＢＲ（株価純資産倍率）といった指標を分析して銘柄を選ぶ方法があります。あるいは、過去の値動きからトレンドやパターンを分析するという方法をとる人もいます。

しかし、そういった分析はほとんどの人にはハードルが高いので、まずはシンプルに自分が応援したい会社の株式を買うのが現実的です。自分にとって魅力的な株主優待を用意している会社を選ぶのも一つのやり方です。結局、自分が知っている会社のほうが投資が長続きします。投資は長く続けるほど成功する確率が高まるので、自分が続けやすい方法をとることが大切なのです。

なお、個別株の場合は大きく変動することがあるので、ずっとほったらかしにするのは不安だという人もいます。そのような人は、株価が20％以上下落したら売るといった、損切りのルールを決めておくことが有効です。このあとまた値上がりするかもしれないなどと躊躇すると、ずるずると損を大きくしてしまうリスクが高まります。結果として売ったあとに値上がりしたとしても、リスクに対して判断し対処したというのは大事なことですので、落ち込んだり恥じたりする必要はまったくありません。投資にリスクはつきものですから、いざというときの対応は考えておく必要があります。

投資家の多くも、自分が株を買うとき、その銘柄を選んだ理由というのを大事にしています。株価が割安だからという理由で買ったのであれば、急騰した時点で保有し続ける意味がなくなります。またその企業のビジネスモデルに着目してシェア拡大の見込みがあると踏んで購入したのであれば、のちに競合が次々と現れ優位性が失われていけば、その購入動機は崩れたことになります。

投資した時点での選んだ理由というのは、言い方を変えればそれを保持し続けるための前提条件です。これが崩れた場合には、すみやかに対処するのが常道です。まだこうなるかもしれないとか、こういうつもりだったけれどやはりこうなるのではないかといった後づけの理由を次々加えていくのは、結局自分に都合のいい見方をして決断を先延ばしにしているに過ぎず、客観性が失われていくだけなのです。

ただし、長期的な収益を見込んで株式投資を始めるにあたっては、あまり一喜一憂して売買を繰り返すのは得策とはいえません。ゲームのような楽しさはあるかもしれませんが、それを続ける手間と時間に見合う収益を上げるのは容易ではないうえにリスクが高いのです。外貨のように他国との関係性で相対的に変動するものとは違い、株式は世界経済の成長や企業の業績向上によってそれそのものの価値を高めていくものです。上下の揺れをもちながらも、長期的には成長を続けるものであるからこそ、長期投資に向くといえます。リスクヘッジのためのルールづくりは必要ではありますが、まずは自分がその企業のオーナーとなって動向を見守るという、大きな視野で臨むことが成果につながるのです。

経営マインドがある人は不動産投資

不動産は、収益性資産と安定性資産の間に位置します。都心の一部の物件は別として多くの不動産は値動きが穏やかで安定的に収益を生んでくれます。

30年前のバブル崩壊はあまりにインパクトが強く、当時損失を出した人たちの話を身近に聞く機会がまだあるため、不動産にネガティブなイメージをもってしまう人は少なくありません。また、いくつかの不動産関係の業者が起こした悪質な不祥事が立て続けに報道されて話題となったこともそれを後押ししています。しかし、不動産投資自体が、収益性と安定性のメリットを兼ね備えた有望な選択肢であることは間違いありません。

私も賃貸不動産を所有していますが、目に見える財産であることに、株式などにはない魅力を感じます。土地や建物というものをもち、入居者から収益をもらう形なので、投資をしている実感をもちやすいのです。

不動産投資の大きなメリットとして、金融機関からローンで投資資金を得ることができる点が挙げられます。FXにおけるレバレッジなどは例外として、基本的に投資資金は自分の財布からしか調達できません。100万円の投資をしたいと考えれば、まず100万円を用意しなければならないわけです。銀行は基本的に株式や債券に投資する目的で融資してくれるということはなく、唯一それができるのが不動産投資なのです。これにより、少ない自己資本金でも大きな収益につなげることが可能になりますし、またローンを組む時点で十分に見通しを立てさえすれば、安定性も見込めます。ローンや融資を借金として敬遠する向きもありますが、そこから利益を得ていくという目的が明確にあり、収益を上げる見込みがあるなら、それを理由に投資を始めないのは合理的な考え方ではありません。

また、サラリーマンの場合には収入が安定していることから、自営業者よりも比較的ローンを組むための審査に通りやすいという側面もあります。

不動産投資の利益の源泉は、入居者からの家賃収入です。このほかに不動産の売却益も期待できますが、家賃収入が大きな不動産ほど高く売れるので、やはり家賃収入にこだわる必要があります。

管理会社にはすべて任せることもできますが、不動産のオーナーになると、さまざまな意思決定が必要になります。広告宣伝や内装などを工夫しつつコストを抑えるなど、考えるべきことが少なくありません。このように戦略的に投資のリターンを高めるのが不動産投資の醍醐味です。

日本では空き家率が年々高くなっており、総務省統計局の「2018年住宅・土地統計調査」によると、全国の住宅の13・6%が空き家となっています。そのため、単純に不動産をもてば確実に儲かる時代ではありません。また、物件のなかには相続税対策という名目で業者にいわれるがままに適当に造ったような、居住性も利便性も考慮しない、ただの箱のようなものもあります。

不動産投資の広告では、「利回り7%」といった表現をときどき見かけますが、これはあくまでも目安です。入居者がどのくらい安定的に入るかを示す空室率によって、リターンは変動します。やり方を間違えると、入居者がつかずコストが出ていくばかりという可能性も考えられ、実際に地方では「0円不動産」とか、ひどいものでは「マイナス不動産」と評されるものもたくさん出てきています。

不動産を活かして賃貸収入を得ていくというのは、どの物件を選びどのように活かしていくかというのが腕の見せどころであると同時に、思いのほか手の掛かる仕事でもあるのです。

経営的なマインドのある人にとって不動産は面白く、魅力のある投資資産であることは間違いありません。しかし、不動産を買うのにいくらローンが組めるとはいっても、少なくとも数百万円単位の自己資金が必要になることが多いので、不動産について勉強し、慎重に判断する必要があります。

投資信託を買ってプロに運用を任せる

流動性、安定性、収益性という3つの尺度による資産の分類はそれぞれ一長一短です。

流動性の高い預金では収益は見込めず、収益性の高い株式は安定性の面で不安が残ります。その意味から、これら3つの要素を兼ね備えた「投資信託」も家庭の資産に取り入れることが効果的です。

投資信託は、投資家が出し合ったお金を専門家が運用し、リターンが投資家に分配されるというしくみになっています。投資信託を買うだけで運用会社のファンドマネージャーが資金を運用してくれるので、お任せで資産運用ができます。

自分で運用をしようとすると、いつ、どのような銘柄を、いくら買うのかといった判断を常に求められます。買ったあとも、いつが売り時なのかを考えねばなりません。この判断を誤ると投資で損をしてしまいます。投資信託に投資をすると、プロが投資信託ごとの運用方針にしたがって投資の判断をしてくれるので楽ですし、安心です。

投資信託のメリットは複数ありますが、最大のメリットは簡単に分散投資ができることにあります。

投資の世界には「卵は一つのカゴに盛るな」という格言があります。一つのカゴにいつも卵を入れていると、そのカゴを落としたら卵が全滅してしまいますが、複数のカゴに卵を分けていたらリスクを抑えられます。

株式投資をするときは、一つの会社の株を集中して買うよりも、複数の会社の株を買ったほうが、そのうちの1社が危機的な状況になった場合でも資産は守られます。例えば100万円の投資資金があるとして一つの会社の株式だけを100万円分買うのと、10社の株式を10万円ずつ買うのとで比べれば、後者のほうがリスクは低くなります。集中して買った1社の株価が半分に減った場合、100万円が50万になってしまいますが、分散投資したうちの1社の株価が半分になった場合には、95万にとどまりますし、ほかの9社の株価が少しずつでも上がることでリカバーできる可能性があるわけです。

このような分散投資の効果を高めるには、特徴の違う資産に投資をすることがポイントになります。異なる業種や、異なる国、異なる資産（株式・債券・不動産など）といったように、さまざまなタイプのものに分散投資をすると、資産価値が大幅に下落する事態を避けられるのです。

ただ、こうした分散投資を個別株や債券などを使ってやろうとすると、かなり大変です。数百、数千もある銘柄をいちいち売買するのは手間ですし、株式には最低投資額があるので、まとまったお金も必要です。

このような問題を、投資信託が一気に解決してくれます。投資信託を運用する運用会社はさまざまな銘柄に分散投資をしてくれ、しかも月額100円から投資できるので、誰でも簡単に分散投資を実行できるのです。これを活用しない手はありません。

投資信託にはこのような特徴があるので、収益性と安定性が両立します。さらには、流動性の面においても優れています。投資信託は4~5営業日程度で換金することができ、インターネットから簡単に手続きを行えます。預金ほどではありませんが、投資信託の流動性は高いといえます。

インデックスファンドとアクティブファンド

投資信託が資産形成に有効であることは間違いありませんが、やはりどのような投資信託を選ぶかによってリスクやリターンは変わります。

投資信託協会がまとめた「投資信託の主要統計」によると、2021年12月末時点で公募されている投資信託の数は5923本でした。これだけ多くの投資信託が売られていれば、初めて買う人は迷ってしまうと思います。

そこでまず押さえておきたいのがインデックス(パッシブ)ファンドとアクティブファ

ンドの違いです。

インデックスファンドは、ベンチマークとする指数（インデックス）に連動することを目的とした投資信託です。例えば日本の株式であればＴＯＰＩＸ（東証株価指数）や日経平均株価が代表的な株価指数であり、これらに連動するインデックスファンドが販売されています。

ＴＯＰＩＸは東京証券取引所に上場している銘柄を対象に、日経平均株価は日本経済新聞社が選定した２２５銘柄を対象に、それぞれ算出されています。したがって、例えば日経平均株価に連動するインデックスファンドを買えば、それだけで２２５社に分散投資をしたのと同じ効果を得られます。

一方、アクティブファンドは、ベンチマーク以上のパフォーマンスを目指して運営されている投資信託を意味します。この目標のもと、アクティブファンドの運用会社のファンドマネージャーは運用を行っています。

ただし、実際にアクティブファンドがインデックスファンド以上のパフォーマンスを挙げているかというと、決してそうではありません。図表21は投資信託の格付け評価を中心として、世界規模の金融・経済情報の提供を機関投資家およびセミプロな個人投資家向け

【図表21】投信カテゴリー別のインデックスとアクティブの信託報酬とパフォーマンス比較

	カテゴリー別 インデックス(上段)／アクティブ(下段)区分	平均 信託報酬	平均トータルリターン		
			1年	5年 (年率)	10年 (年率)
国内 株式	日経225連動型	0.40%	44.37%	13.23%	12.87%
	国内大型グロース	1.41%	39.24%	11.53%	11.92%
先進国 株式	MSCIコクサイ（円ベース）連動型	0.41%	48.77%	13.91%	13.19%
	国際株式・グローバル・除く日本（F）	1.43%	50.09%	10.25%	7.88%
国内 REIT	東証REIT指数連動型	0.39%	35.73%	4.95%	10.47%
	国内REIT	0.98%	37.05%	4.79%	10.53%
国内 債券	NOMURA-BPI（総合）連動型	0.25%	－1.12%	－0.28%	1.27%
	国内債券・中長期債	0.40%	－0.19%	－0.08%	1.29%
先進国 債券	FTSE世界国債(除く日本、円ベース)連動型	0.39%	5.56%	2.34%	4.87%
	国際債券・グローバル・除く日本（F）	1.21%	11.67%	2.34%	3.62%

出典：MORNINGSTAR「投資信託のコストとベネフィット」2021年

に手掛ける企業であるMORNINGSTARがとりまとめたインデックスファンドとアクティブファンドの比較です。この図表では投資期間が長くなるほどインデックスファンドのほうがアクティブファンドよりも高いリターンとなっているのが分かります。

この理由として考えられるのは、一つはプロのファンドマネージャーでもインデックスファンドに勝ち続けるのが難しいということです。またアクティブファンドはインデックスファンドよりも信託報酬が高く設定されている点も足かせとなっています。

とはいえ、もちろんアクティブファンドのなかにはインデックスファンドを超えるパフォーマンスを出す商品がないわけではありません。最初からアクティブファンドを選択肢から外すのではなく、特徴の違いを理解しつつ自分に合った投資信託を選ぶことが重要です。

資金がなくても積立投資ならできる

投資を続けるコツは、収入の一部を投資に充てて、残ったお金で生活をすることです。「収入−投資＝支出」の計算式を頭に置いて、コツコツ続けなくてはいけません。

この意味でも、投資信託を選ぶ合理性があります。投資信託の場合、積立投資を簡単に行えるからです。

積立投資とは、「毎月○日に、この投資信託を○円分投資する」といった設定をし、コツコツ積み立てていくスタイルの投資法です。最初に設定をすれば、あとは自動引き落としで投資を続けられるので、負担感がありません。

必要最低限の投資金額は証券会社によって違いますが、ネット証券では月100円から積立投資を始められるので、ハードルはとても低いです。投資の手数料を超えるリターンを得ることを考えると、少なくとも月に1万円は投資したいところですが、最初は少額からでも構いません。

例えば給料日の翌日などに引き落とし日を設定しておけば、自然と「収入－投資＝支出」を実践できます。

また、積立投資はお金を投じるタイミングが気にならなくなる点もメリットです。

投資初心者の場合、「高いときに買いたくない」「もっと安くなったら買おう」などと迷ってしまい、なかなか投資できないことになりがちです。こうして先延ばしにしていると、得られたはずのリターンを手にできません。

しかし、「毎月10日に積立投資をする」と決めてしまえば、あとはタイミングについて迷うことはありません。自分の判断が介在しないので、余計なプレッシャーを感じずに投資を続けられます。

時間分散でリスクを下げる

さまざまなタイプの資産にお金を振り分けることが分散投資ですが、このほかに「時間の分散」という視点も理解する必要があります。

投資で成功するには、安いときに買って高いときに売ることが鉄則です。しかし、買い時を正しく判断することはプロの投資家にとっても簡単なことではありません。したがって、多額の資金を一気に投資すると、相場よりもかなり高値のタイミングで買ってしまったという高値づかみをしてしまい、結果として損をしてしまう可能性があります。

積立投資は、このような問題を解決するためにも役立ちます。投資信託を購入するタイミングを分散できるので、結果的に高値づかみのリスクを下げることにつながるのです。

このように時期をずらして投資を行う手法は、「ドルコスト平均法」と呼ばれます。一見買い時に見えるものでも、時間を分散して投資することで、その後の変動によって損が発生する振れ幅を抑えることができるのです。もちろん、最初に買おうと思ったときよりも高くなり、あのとき一度に買っておけば良かったと思うようなことはあり得ますが、投資は長期運用という基本に立ち返って長い目で見たときに、確実に安全を確保できることは、その小さな差額よりもはるかに重要です。

積立投資は毎月一定額を投資に充てることで、購入金額を平準化する効果が生じます。例えば、「毎月1万円ずつ投資信託Aを買い続ける」という積立投資を始めた場合、投資信託Aが1口10円のときは1000口、5円のときは2000口買うことになります。このように、価格が安いときに多く買い、価格の高いときには少なく買う投資が自動的に行えるのです。

長期投資を続けるうえで、精神的な安定はとても重要です。自分で投資タイミングを判断すると失敗して後悔する恐れがある以上、自分の判断を入れない積立投資にしたほうが精神的に負担は少なく、結果的に理想的な長期運用の実現につなげることができます。

節税効果の高い投資を優先する

投資をして資産バランスを整えるときは、税金面にも目を向けなくてはいけません。日本では、個人に掛かる税金は所得の種類によって計算方法が変わります。同じ金額の利益を得たとしても、その手段によって税負担に大きな差が出てきます。

また、政府は日本人の投資を推進するために、投資で得た利益については税金や社会保険料の優遇措置を設けていますから、その内容は押さえておくべきです。

例えば暗号資産に投資をした場合、所得税の累進税率が適用され、所得税と住民税を合わせて最高約55％の税率が適用されます。

これに対して、株式や債券、投資信託から得た利益については、所得税と住民税を合わせて約20%の税金で済みます。不動産の売却益についても、所有期間5年以上なら約20%です。そして、利益が多くとも税率が上がることはありません。

注目すべきなのは、つみたてＮＩＳＡやiDeCoなどの制度を使って投資をした場合、運用益は非課税となることです。例えば投資信託に積立投資をするなら、つみたてＮＩＳＡやiDeCoなどの非課税制度を使えます。

つみたてＮＩＳＡは、毎年40万円を上限として、投資信託を購入した年から20年間はその投資信託から生じる分配金や運用益がすべて非課税となるという制度です。年間40万円ということは、月々3万3０００円ほど非課税で投資できます。投資できる期間は最長で20年なので、合計で40万円×20年＝８００万円までを非課税で運用することが可能です。

つみたてＮＩＳＡの対象となる投資信託は、「長期・分散・積立」に合った商品と金融庁が認めたものだけがラインナップされています。具体的には、「販売手数料がゼロ（ノーロード）」「信託報酬が一定以下」といったように、長く安定的に資産形成を行うにふさわしい商品がつみたてＮＩＳＡの対象商品なのです。

つみたてＮＩＳＡのほか、iDeCoも検討したい制度です。こちらは「個人型確定拠出年金」という正式名称から読み取れるように、個人でお金を出してつくる年金制度です。iDeCoに加入すると、毎月一定のお金を掛金として支払い、これを運用した金額を原則60歳以後に受け取ります。現在の制度では最長で75歳まで運用できるので、お金の余力があれば老後も非課税で資産形成を続けられます。

つみたてＮＩＳＡにはないiDeCoのメリットが、掛金のすべてが所得控除になるという点です。これにより、掛金を多く支払った年は、所得税や住民税を低くできます。

また、運用期間が長いこともiDeCoのメリットです。現状の制度ではつみたてＮＩＳＡの非課税期間は20年間を超えることはありませんが、iDeCoにはこのような制限がありません。例えば30歳でiDeCoに加入して、70歳まで運用を続ければ、40年間の運用益が非課税です。

ただし、iDeCoにも注意点があります。まずは、将来給付を受けるときに課税対象になるという点です。一括給付であれば退職金扱い、分割給付であれば公的年金扱いとなり、所得税や住民税が掛かる恐れがあります。つみたてＮＩＳＡの場合は、受け取り時の課税はありません。

もう一つ、iDeCoの場合にはいったん利用を始めると、原則として60歳以降の受け取り開始時期まではお金を戻せない点がネックです。そのため、急にお金が必要になったときに困る恐れがあります。

このとき、iDeCoの掛金を減らすことが唯一できる対応となりますが、掛金の最低額が月額5000円のうえ、掛金の減額ができるタイミングは1年に1度きりなので次の変更日までは耐えるしかありません。

つみたてNISAの場合、月々の積立額はすぐに変更できますし、金融機関によっては月額100円まで落とせるので家計が厳しいときは助かります。それでも大変な場合は、つみたてNISAなら非課税期間の途中であっても現金化することが可能です。

このような違いがあるので、使い勝手の良さでいえばつみたてNISAに軍配が上がります。お金に余裕があり、普段の税金を下げたいのであれば、つみたてNISAに加えてiDeCoも利用するのが合理的です。

投資に慣れたら海外投資でリスク分散を

日本の個別株やインデックスファンドなどに投資をして、ある程度投資に慣れたら、海外資産にも目を向けるタイミングです。人口減少が続く日本では、資産をあまり大きく育てることが期待できません。例えば東証株価指数のインデックスファンドを通じて分散投資をしていても、日本企業全体の成長が停滞すると、リターンは少なくなってしまいます。

そこで、今なお経済成長の続く国の株や投資信託、不動産などに投資をすることで、高いリターンを狙う必要が出てきます。

ただ、いきなり海外の株式などを買うのではなく、まずは日本円を外貨に換えることからスタートするのが入り口として最適です。なぜなら、外国の資産に投資をした場合、価格の変動リスクに加えて、為替の変動リスクが生じるからです。

例えば1ドル130円のときに、外国株Aを500ドルで買ったとします。つまり6万5000円の投資です。この外国株Aが600ドルに値上がりしたタイミングで売却すれば100ドル儲かるということになりますが、もしこのとき為替相場が1ドル100円になっていたら、600ドル×100円＝6万円です。つまり、日本円に換算すると損をしたことになるのです。海外資産に投資をするときは、このように2つの変動要因があることから、投資の判断のハードルが高くなります。

海外投資ではまずは外貨を買って為替変動を体感することが有効です。外貨の場合、価格そのものが変動することはないので、為替の影響を考えるだけで済みます。1ドル100円のときにドルを買い、1ドル110円になって日本円に換えたら、手数料を抜けば10%増えるという形ですから非常にシンプルです。

現在の為替市場では、米ドル、ユーロ、日本円が上位3位を占め、圧倒的なシェアをもっています。このシェアはここ数十年の間ほぼ不動の地位を保っていますが、中国の急激な躍進が注視されています。

こうして為替変動にある程度慣れたうえで、外国の株式などに目を向けていくほうが、混乱なくスムーズに入っていけます。そして、ここで大事になってくるのが、どの国に投資をするかということです。

一般的に、少子化に直面する先進国よりも人口や産業が発展している新興国のほうが経済成長率は高くなります。そのため新興国株などに投資をしたくなるかもしれませんが、新興国には新興国特有のリスクがあります。政治や経済が安定しないため、予期せず株価が下がる恐れがあるのです。実際に2022年にはウクライナ問題を受けて新興国であるロシア株が大きく下がりました。

そういった意味から、先進国でありながらいまだ人口増加が続いている米国が一つの答えになります。

米国の代表的な株価指数のS&P500のチャートを見ると、2012年から2021年の10年間で年率平均14・7%という驚異的な成長を見せました。特に2021年の成長率はすさまじく、年率28・7%という結果でした。ということは、S&P500に連動するインデックスファンドに投資をしていた人は、ここ数年で大きく資産を増やせたことになります。

S&P500は米国の証券取引所に上場している6000社以上の企業から、複数の基準で選ばれた500社で構成された株価指数です。その銘柄のなかにはAppleやマイクロソフト、アマゾンなど、名だたる企業が名を連ねています。これらのグローバルカンパニーは今後も世界経済を牽引していくと考えられ、株価の成長が期待できます。

ただし、米国のFRBが2022年から金利引き上げを行った結果、米国株はリセッション(景気後退)の局面に入っています。これから数十年単位で投資を続けるのであれば米国株は有力な選択肢になりますが、短期的には不透明な情勢です。

したがって、米国株への投資に不安がある人は、全世界株式型のインデックスファンドに投資をするのも選択肢に入ります。「eMAXIS　Slim　全世界株式(オール・カントリー)」

などのインデックスファンドは、世界の先進国、新興国に投資をする投資信託ですから、世界経済の成長と合わせて資産を増やすことができます。

海外資産に視野を広げていくのは、あくまでもリスク分散が目的であることを忘れてはいけません。私も自分で手掛けているフィリピン不動産を中心に海外資産は保有を進めています。新興国への投資はカントリーリスクがある反面、急激な値上がりを見せることもあるので魅力を感じてしまうところですが、あくまで余裕資金の範囲内で挑戦してみるという程度の位置づけにしておくべきです。自分自身のリスク許容度をしっかりと認識したうえで判断し、海外投資を分散投資の一環として上手に組み入れていくスタンスが大切です。

時間軸を意識した運用成果のシミュレーション

預金や株式、投資信託などの特徴を理解してから個人のBSを見直すと、いろいろな気づきがあると思います。お金を増やしたいのに収益性資産がほとんどない、流動性資産が少ないから、いざというときの支払いに困りそうといったように、一つでも気づきがあれば前進です。

このとき、「時間」と「目的」という視点をもつとさらに効果的です。個人BSに並んだ資産を今後どのように増やし、どういった目的に活かしていくのかを考えるのです。

例えば20年後に家を買う頭金として1000万円を貯めたいという将来の目的があるなら、その目的に合う資産構成になっているのかをチェックします。このように中長期の目標があるのなら、収益性にこだわって効率的に資産を増やすのがセオリーです。20年で1000万円であれば、年利4％で運用すると月2万1911円の積立投資で実現できます。これを預金で貯めようとすると毎月4万1000円ほどが必要になるので、やはり投資をしたほうが効率的です。

短期的な目標としては、2年後に掛かる子どもの学費として300万円が必要というケースなどがあり得ます。このように短期的な目標がある場合、収益性を追い過ぎるのは危険です。株式や投資信託などの収益性資産は、短期的には大きく値下がりする可能性があります。したがって、預金を貯めるか、債券などの安定資産で備えるのが無難です。

金融庁のホームページから利用できる資産運用シミュレーションは、次の3つの方法で行うことができます。

1　積立投資で資産がいくらになるか
2　目標金額を達成するために、どれくらいの積立額と利回りが必要か
3　目標金額を達成するために、どれくらいの時間が掛かるか

このような時間による資産の変化を調べるには、インターネット上で無料公開されているシミュレーションを利用すると便利です。

短期の株式売買には流動性リスクに注意

短期的な目標においては収益性よりも安定性を重視すべきですが、流動性についても注意が必要です。株式市場では、たとえ利益が生じても、その利益を確定させるためには売却する必要がありますが、当然、買い手となる投資家がいなければそれは成り立ちません。

短期で売買するためには株式市場に十分な売り注文と買い注文が出回っていることが大前提であり、それが不十分なもの、すなわち流動性リスクの高いものは短期運用には向きません。こうしたことから、短期でまとまった額の投資成果を上げようとすると、選択肢

がかなり限られてくるうえ、収益性に走れば上下動に振り回されてうまくいきません。始めから長期的な目的設定し、長期運用を前提にすることで、こういったリスクはほとんど問題にならなくなります。

理想の資産形成においては、「流動性」「安定性」「収益性」といった資産の特性を押さえたうえで、自分自身の目的を明確にし、可能な限り中長期的なスタンスで選択肢を広げながら投資を行っていくことが望ましいのです。

第5章

ライフステージに合わせて投資計画を変更する力を身につける
年収1000万円からの「お金のPDCAサイクル」

投資もトライアンドエラーが大事

投資はリスクとリターンで成り立っており、まったく損を出さない投資家など存在しません。そのため、預金に頼ってきた日本人の多くは投資を怖いもの、危険なものととらえがちですが、投資は決してギャンブルではなく、長期で資産を増やし安定させるための手段です。一時的にマイナスが発生しても、それを含んで最終的にプラスにしていく視野をもつことが大切で、それを培うためにはトライアンドエラーが欠かせません。

これは従来の日本人の貯蓄の観念からすると、やはりなじみにくく、違和感があるものだと理解できます。何もかも確実にうまくいくようにしたい、失敗したくないという感情は誰にでもあるものですが、実は本当にそうできることなどほかにもありません。これまでの人生で、勉強でもスポーツでも、何もかも一度の失敗もなく目標を実現できたことなどないはずです。もしできたとしても偶然の運によるもので、その場限りのものです。これが、ことお金のことになると、努力も失敗もなく絶対に大成功できる方法があると考えるのは都合の良過ぎる話です。

トライするには勇気が必要ですし、エラーは痛みを伴います。しかし、それを積み重ねなければ分からないことはたくさんありますし、経験を積むなかで精神的にも落ち着けるようになります。何も分からないときにはリスクに対して単に怯えてしまいますが、経験を積めば見方も受け止め方も変わります。そのリスクが、リターンを見越して許容できるものであるのかどうか、適切に判断する知識と心は経験でこそ養われるのです。

資産形成はお金を使った遊びではなく、人生に目標をもち、家族を守って生きていくために取り組むものです。マネーリテラシーを高めて資産を形成していく過程で、最善の道を模索し、ときに必要なリスクを受け入れながら向き合っていくことは、おかしくないどころか、当然すべきことであるはずです。

もちろん、少しでも失敗を減らすために、あるいは損を抑えるために、あらかじめ知っておくべきことや、守るべきとされる手順、効率的なサイクルは、投資の専門家たちによって蓄積されています。これから投資を始める人は、当然、それを十分に理解したうえで活用することで、より良い結果を得ることができます。しかし、それはすべての人、すべての状況に絶対に共通する「正解」ではありません。これらを踏まえたうえでトライアンドエラーを繰り返しながら、資産を自分自身の手で育てていくことが大切なのです。

資産バランスに一律の答えはない

経済的な安定のためには、資産バランスを整えることが大切です。ただ、取るべき資産バランスに一律の答えはありません。

ときどき、資産の何割を株式にするのがいいのかなどという質問を受けるのですが、「人による」というのが答えです。望ましい資産バランスはその人ごとの状況やライフプラン、リスク許容度に応じて考えなくてはいけません。

単純に資産規模だけを考慮しても、資産バランスに一律の答えがないことは分かります。例えば、私が３０００万円の資産があるＡさんに対して、「預金などの流動性資産を１割程度もっておきましょう」というアドバイスをしたとします。３０００万円の１割は３００万円であり、これは生活費半年分ほどの金額です。

そのあと、Ａさんは同程度の年収のあるＢさんに「預金は資産の１割くらいにするといいらしいよ」と伝えました。しかしＢさんの資産は１００万円しかありません。１００万円の１割は10万円ですから、何かあったときのことを考えると少な過ぎます。Ｂさんの場合、まずは節約などをして、半年分の生活費に相当する程度の預金を確保することを優先するべきです。

このように、人それぞれの状況によって、適切な資産バランスは変わっていくのです。したがって、基本的な資産の役割を理解したうえで、各自の状況に合わせてバランスを考えていく必要があります。

そして、適切な資産バランスを考えるには、ライフプランと照らし合わせて考えなくてはいけません。自分がどのような人生を送りたいのかを描き、そのプランにふさわしい資産バランスになっているのかを考えるのです。

ライフプランについても、当然ながら一律の答えはありません。不安のない老後に向けて1億円貯めたい人も、年金の不足分を補えればそれでいいと思う人も、自分で出した答えならそれが正解です。

計画立案のポイントはライフイベントの整理

ライフプランを考えるうえで、重要な要素になるのが将来起きる可能性のあるライフイベントです。結婚や出産、引っ越しなど、家庭の収支が大きく変わるタイミングを踏まえて計画を立てる必要があります。

例えば子どもが生まれたなら、その子の進学や習いごとなどにどれくらいのお金が掛かるのかを調べます。引っ越しであれば頭金をいつまでにどれくらい用意して、ローンをどれくらい借りるのかを考えるといったイメージです。

これらのライフイベントは、もちろん完璧に計画どおりになることはまずありませんが、だから準備が必要ないということにはなりません。むしろ、できるだけ早くから考えておくことで予想外の事態にも対処できるようになるので、計画はとても大切です。

私がＦＰとしてライフプランニングをしている顧客から、子どもが生まれたという報告が届くことがしばしばあるのですが、喜びと祝福の気持ちが湧く一方で、もっと早く教えてもらえればという気持ちもあります。というのも、子どもが生まれる前にライフプランを見直せば、より早く資産バランスを最適化できるからです。

例えば子どもが生まれてから、資産バランスの見直しを行うまでに1年空いてしまえば、その期間は実態に合わない状態になってしまいます。家族が増えたのに合わせて保険を見直さなければ、万が一のときに補償が足りずに困ることにもなりかねません。

ライフプランニングが後回しになりがちなのは、やはり面倒だからです。特に年収1000万円クラスの人は忙しい人が多いので、なかなか立ち止まって現状把握やライフプランニングをする余裕がないと思いがちです。

ライフプランニングを行うときは「やり過ぎない」という意識が鍵になります。ときどき非常に精緻なシミュレーションをつくろうと試みる人がいるのですが、そこまでやる必要はありません。

ライフプランづくりに時間や手間が掛かり過ぎると、結局継続できなくなるので、ある程度ざっくりとしたシミュレーションで構わないのです。毎月の収入がこれくらいで、出費はこれくらいといった目安を考え、投資に回せる余剰資金がどれくらい出るのかを大まかに考えるだけでも十分に効果はあります。

そして、一度立てたライフプランはいつでも修正できるようにすると続けやすくなります。何か計画と違うことが起きたら簡単に修正できるようにExcelなどのデータにしておくと便利です。

ライフプランを定期的にＰＤＣＡサイクルで見直す

経営管理の手法に「ＰＤＣＡサイクル」というものがあります。ＰＤＣＡとは、「Plan（計画）」「Do（実行）」「Check（確認）」「Action（改善）」の頭文字を取ったもので、この4つを繰り返し実行しながら、経営を改善していくのがＰＤＣＡサイクルです。

このＰＤＣＡサイクルはライフプランニングにも使えます。人生は変化の連続なので、一度計画を立てれば終わりというわけにはいきません。時間が経てば収入や家族構成、生活費などが変わるのが自然であり、変化に合わせて資産を見直す必要があります。投資する資産も時代によって適切なものが変わるので、やはり定期的な見直しが必須です。

ＰＤＣＡサイクルの第一歩はPlanであり、まずはライフプランを考えることからスタートします。そのうえで、プランどおりに実行（Do）し、実行した結果を確認（Check）し、改善（Action）につなげていくのが基本的な流れです。

ときどき、せっかくライフプランを立てたのに、そのことを忘れてしまう人がいます。例えば保険を見直して積立投資を増やすと計画しても、これを実行せずに忘れてしまうのです。

ライフプランを立てた時点で前向きな行動であるのは間違いないのですが、これに満足して次の行動につなげないのでは意味がありません。とはいえ高収入のビジネスパーソンは忙しいですから、ライフプランのＰＤＣＡサイクルを続けるための工夫が必要です。

例えば、ＦＰにライフプランニングのサポートを依頼するのは有効な手段になります。ＦＰと定期的にアポを取ることで、なかば強制的にライフプランを見直すことができます。また、やはり第三者が関与することで計画を実行しようとする意識が働くはずです。

まずは一人でなんとかしたいという人は、スケジュール帳やカレンダーなどにライフプランの見直し日を書いておくのが効果的な方法だといえます。スマホのカレンダーを使っている人は、通知機能を使うと便利です。

ライフプランのＰＤＣＡサイクルを回し始めると、だんだんと楽しくなっていきます。というのも、正しくＰＤＣＡサイクルを回していけば、自分の資産が目に見えて増えていくわけですから、続けるモチベーションが高まっていくからです。

ライフプランは15年先の未来を見る

ライフプランを立てるときは、短期的な計画と長期的な計画の2つを考えるのがベストです。片方だけでも効果はあるのですが、2つを同時に考えることで望む未来を実現しやすくなります。

短期的な計画は、基本的には次の1年間のことを考えます。目の前に迫った支払いやライフイベントなどを整理して、1年後までに資産をどういう形に整えていくのかを計画する形です。

このような短期的な計画ができていない人は、お金のピンチに陥りやすいです。ギリギリになってお金がないことに気づいて慌ててしまいます。特に経営者の場合、会社の資金繰りも絡むことから、キャッシュが枯渇してしまうことがあるのです。短期的な計画ができていれば、資金が足りなくなることを見越して支出を減らせますし、金融資産の一部を取り崩したり、融資を受けたりしてしかるべき対応ができるはずです。

次に長期的な計画ですが、こちらは15年先の未来を思い描くことからスタートします。

新年などに短期的な計画を立てる人はいても、長期的な計画まで考える人はほとんどいません。しかし、長期的な計画があってこそ短期的な計画の方向性も定まります。

車でドライブをするときも、最終目的地を決めなければどの道を進めばいいのかを決められません。目の前の道だけを気にしていたら、自分の望んでいたのとまったく別の方向に向かってしまう可能性があります。

15年という区切りについては、それよりも長い未来となると想像することが難しくなってしまうために設定しています。変化の激しい時代ですから、家族のあり方や働き方はもちろん、年金制度や経済環境なども大きく変わっている可能性があります。

実際に、現在と15年前の状況を改めて比較すると、変わっていることが多過ぎて驚かされます。２００７年頃というと、消費税はまだ５％でしたし、円は１００円前後で推移していました。東日本大震災も新型コロナウイルス感染症によるさまざまな社会の変化も、働き方改革もＳＤＧｓという言葉の流行もずっとあとの話です。さすがにこれは少し極端な気もしますが、あまり遠い未来を具体的に想定しても、かえって意味がないということは確かなのです。

それでも15年程度であれば、その頃には子どもが独立しているだろうとか、引っ越しをする必要があるかどうかとか、子どもの大学の学費を貯めておかなければいけないといった、ある程度具体的なイメージをもつことができます。

そのうえで、長期計画を短期計画に落とし込んでいきます。例えば「15年後に家を買いたいから、頭金として500万円くらいは必要だ」といった見込みをまずは立て、どうすればその500万円が貯まるのかを考えます。

すると、預金だけで500万円を貯めるのがどの程度難しいかもイメージできます。もし預金だけではかなり厳しいとなれば、月いくらの積立投資で年率何%のリターンなら15年で500万円にできるといった具体的な計算ができ、かつ合理的な行動に落とし込むことができます。

なお、15年より短い期間で計画するのは、資産運用のリターンを安定させるという観点から長期計画として不向きです。安定した資金運用を行うには、ある程度長い時間を想定する必要があるのです。10年のほうがキリはいいのですが、10年以内にこれだけの金額にしようというスパンで計算していくと、どうしても運用を焦ってしまい、高リスクな商品に手を出そうとする恐れがあります。このことからも、早めのプランニングがいかに重要であるかが分かります。

短期・長期でライフプランを考えるのが基本ですが、余力があれば複数のパターンを想定しておくとより効果的です。私も顧客にライフプランのシミュレーションを示すときは、3パターンほど用意しています。

例えば子どもの進学を考慮したライフプランの場合、子どもの進学先によって家計が大きく変わります。私立校と公立校のどちらに通うのか、一人暮らしをするのか自宅から通うのかといったパターンを考え、それぞれのパターンに合ったライフプランをつくっておくと、選択肢の幅が広がりますし、予想外の事態にも慌てずに済みます。

ライフプランニング事例

私はFPとしてさまざまな顧客の資産形成をサポートしていますが、多くのケースに共通する問題もあれば、特殊なケースも見られます。私に相談に訪れる人が実際にどのような悩みをもち、それをどのように分析して解決に導くかといった事例を知れば、説明だけを読み続けるよりも実際のライフプランニングをイメージしやすくなるはずです。

40代経営者のケース

【相談内容】

現在ＩＴの会社を経営して8年になります。規模は大きくはないですが数人の従業員がいて経営は比較的安定しています。

今までは証券会社に勧められるまま投資をしてきましたが、そこまで資産が増えていません。保険も保険会社に勧められたものに入っているので、こちらも見直したいと思っています。

そのほかには子どもがインターナショナルスクールから公立小学校に上がり教育費がかなり減りましたが、いずれ私立中学に通う計画のため、今後の教育費も考えていきたいです。

【状況分析】

・夫は年収１２００万であり、経営者としては一般的な収入。

・収支に関しては大きな問題はない。

【図表22】40代経営者のケース〈相談前〉

属性		家族構成	
相談者	夫婦	配偶者	あり
年齢	45歳	子ども	一人（12歳）
職業	経営者	その他扶養家族	なし
住居	マンション（賃貸）		
収入		支出／月	
給与手取り／月(夫)	1,000,000	生活費	200,000
給与手取り／月(妻)	150,000	食費	150,000
合計世帯月収	1,150,000	家賃	350,000
貯蓄／運用		車両費	50,000
普通預金	5,000,000	通信費	30,000
定期預金	1,000,000	教育費	50,000
投資信託(アクティブ)	10,000,000	生命保険等	20,000
株式	10,000,000	交通費・娯楽費	70,000
その他	10,000,000	雑費	30,000
資産合計	36,000,000	費用合計／月	950,000

【図表23】40代経営者のケース〈相談後〉

収入		支出／月	
給与手取り／月(夫)	1,000,000	生活費	200,000
給与手取り／月(妻)	150,000	食費	150,000
合計世帯月収	1,150,000	家賃	350,000
貯蓄／運用		車両費	50,000
普通預金	7,000,000	通信費	30,000
定期預金	3,000,000	教育費	50,000
投資信託(アクティブ)	3,000,000	生命保険等	50,000
株式	5,000,000	交通費・娯楽費	70,000
国内不動産等	5,000,000	雑費	30,000
投資信託(インデックス)	8,000,000		
その他	5,000,000		
資産合計	36,000,000	費用合計／月	980,000

・事業者であるため、死亡保障を含めた生命保険を追加しました。
・流動性の預金を少し多めにしました。
・投資に関しては不透明な商品やリスクの高めの商品を減らし、安定性と外貨に振り替えました。

・証券の内容は比較的アクティブに寄り過ぎている。
・子どもが中学から私立に通うとなると少し収支改善は必要。しかし年齢的に老後資金も考える必要あり。

【アドバイス】

1　経営者として、8年間会社を続けていることは純粋にすごいことです。役員報酬として一般的な金額を取られていますので、会社の財務も問題ないと思います。

しかしながら、会社経営というのはいつどんな想定外のことが起きるか分からないため、会社の財務状況と経営者としてのお金の管理を両方しっかり行うことが大切です。

2　収支状況については、現状は問題ないと思います。奥さまの収入は余裕資金に回せること、ある程度は会社の経費として支払えることも考えれば、実質的な収支の余力は高いといえます。

今後は、相談内容のとおり子どもの教育資金と老後資金の2つの問題が出てきます。

先に老後資金に関してですが、経営者の場合、会社経営をいつ辞めるかという点が難しい問題になります。これは今後決めていくとして、後継者問題も含めて早めに計画することが必要です。

現状から提案できる改善点としては、現在賃貸にお住まいなので、子どもが18歳になってから6～7年後くらいのタイミングでご自宅を購入すると老後の住まいの問題が解決でき、ライフプランを立てやすくなります。

教育費に関しては、確かに今後すべて私立校に通うとかなりの金額になりますが、もともとがインターナショナルスクールに入れられているので、ある程度予測はされていると思います。教育に力を入れたいのであれば、会社の業績によっては役員報酬を上げて教育費に備えるのも一つの選択肢となります。

3　資産状況についてはアクティブ型の投資信託、株式、その他で全体の約8割を占めています。「その他」として計上している1000万円が暗号通貨等であれば、全体としてリスク資産の割合が高過ぎる状態です。

したがって、まずは資産を増やすよりも、国内外の不動産や金などの現物資産に一部変えるようなリスクヘッジが必要かと思います。ただし安定資産は流動性がかなり下がるので、増やし過ぎるのは危険です。バランスには注意しつつ、リスク資産の収益性を考えてポートフォリオを組み直す必要があります。

最後に保険についてですが、保険料はそこまで高くないので問題ありませんが、会社としての保険を考慮する段階に入ってきています。個人では死亡保障や収入保障、法人では借入規模や運転資金に応じた保障を準備しておくのが望ましいです。

30代夫婦（夫婦ともに正社員）のケース

【相談内容】

共働きでそこまで悪くない年収だと思いますが、あまり貯蓄がありません。2年前に都内に頭金なしで1億円ほどのマンションを購入し、生活環境としては安定していますが、毎月の収支はギリギリでボーナスで貯蓄しているような状況です。

子どもが二人おり、上の子が中学受験を控えています。今までは自由に育てたいと思い、そこまで教育費にお金を掛けてきませんでしたが、最近は塾代が増加し、私立の中学となるとかなり教育費が増える見込みです。

【図表24】30代夫婦（夫婦ともに正社員）のケース〈相談前〉

属性	家族構成		
相談者	夫婦	配偶者	あり
年齢	38歳	子ども	二人（11歳、7歳）
職業	会社員	その他扶養家族	なし
住居	マンション（持ち家）		
収入		支出／月	
給与手取り／月（夫）	800,000	生活費	100,000
給与手取り／月（妻）	350,000	食費	100,000
合計世帯月収	1,150,000	住宅ローン	320,000
貯蓄／運用		車両費	13,000
普通預金	7,000,000	通信費	35,000
定期預金	3,000,000	教育費	50,000
投資信託（テーマ投信）	3,000,000	生命保険等	100,000
		交際費・娯楽費	100,000
		雑費	55,000
資産合計	13,000,000	費用合計／月	873,000

【図表25】30代夫婦（夫婦ともに正社員）のケース〈相談後〉

収入		支出／月	
給与手取り／月（夫）	700,000	生活費	100,000
給与手取り／月（妻）	350,000	食費	100,000
合計世帯月収	1,050,000	住宅ローン	320,000
貯蓄／運用		車両費	13,000
普通預金	7,000,000	通信費	35,000
定期預金	2,000,000	教育費	50,000
投資信託（テーマ投信）	0	生命保険等	50,000
投資信託（インデックス）	2,000,000	交際費・娯楽費	100,000
外貨預金	2,000,000	雑費	55,000
資産合計	13,000,000	費用合計／月	823,000

・一部お宝保険を除き、貯蓄性保険から掛け捨てに変更しました。
・いまいち評価の分からないテーマ型は解約し、インデックスを中心とした資産バランスになりました。

投資については、今までほとんどやってきておらず、銀行に勧められた投資信託に一部入れているだけで、あとは保険くらいといった状況です。

余力がないわけではありませんが、子どもの学費を中心に今後どのような計画を立てていくべきか悩んでいます。

【状況分析】

・夫の年収1000万、妻の年収と合わせて1600万程度の一番よくあるパワーカップルの家計状況。

・投資や保険の経験が少なく金融機関の言いなりになっている。

・子ども二人が中学から私立となると学費はかなり多めに見積もるべき。

【アドバイス】

1　典型的な高額給与所得者の状況であり、現状として大きな問題が起きているわけではありません。しかし、今後を考えると改善が望ましい点があります。

数十年前であればこれくらいの収入なら何も心配する必要はなかったのですが、不動産の高騰や教育費の高騰により、収支で見ればギリギリの時代になっています。現実的な対策として、生活レベルを落とすことは可能と思われますが、共働きということもありますので極端に節約できる余地はありません。

保険については、貯蓄性保険が含まれているのであれば加入時期によって解約や払い済みの検討をし、掛け捨てで保障の厚いものに変更することが効果的です。これだけで保険料の負担を半分程度に落とせます。

2　マンションの購入に頭金を入れていないため、金利の上昇を視野に入れてどこかで繰上返済は検討したいところです。

保有資産の構成としては、定期預金と普通預金、投資信託を利用されていることから、資産バランスを取ろうとする意識が伝わり、すごく良いことだと思います。

ただ、投資信託を銀行の窓口で購入すると、良い商品を提案されることが少ないので、タイミングを見てつみたてＮＩＳＡの対象商品に切り替えることが望ましいです。iDeCo も節税対策として検討したいところですが、現状の年齢を踏まえると iDeCo を現金化するまでの期間が長過ぎる点がネックとなります。

3　教育費に関しては、中学から私立校に入ると非常に負担が重くなります。そのまま私立の高校、大学に進むとなれば、すべて公立の場合に比べて少なくとも600〜700万円くらいは多く掛かります。子どもの教育費は必要ですが、しっかりとした計画をもって決断すべきです。

ご自身で教育費の準備を進めることも大事ですが、国や民間の教育ローン、奨学金等を組み合わせた教育費の設計を今すぐにでも行う必要があります。今後は国も子育てのサポートを強めていく傾向があるので、そうした情報収集も行いながら解決策を探していく必要があります。

30代夫婦（夫：正社員　妻：パート）のケース

【相談内容】

子どもが生まれとても良い人生を送れていると思いますが、生活が一変し、将来への不安を感じるようになってきました。広い部屋に引っ越したいのですが、子どもを保育園に預けても妻はフルタイムで働けないため、金銭面の課題があります。

【図表26】30代夫婦（夫：正社員　妻：パート）のケース〈相談前〉

属性		家族構成	
相談者	夫婦	配偶者	あり
年齢	32歳	子ども	一人（3歳）
職業	会社員	その他扶養家族	なし
住居	マンション（賃貸）		
収入		支出／月	
給与手取り／月（夫）	600,000	生活費	100,000
給与手取り／月（妻）	80,000	食費	100,000
合計世帯月収	680,000	家賃	180,000
貯蓄／運用		車両費	13,000
普通預金	5,000,000	通信費	35,000
定期預金	2,000,000	教育費（子ども費）	30,000
		生命保険等	50,000
		交際費・娯楽費	100,000
		雑費	30,000
資産合計	7,000,000	費用合計／月	638,000

【図表27】30代夫婦（夫：正社員　妻：パート）のケース〈相談後〉

収入		支出／月	
給与手取り／月（夫）	600,000	生活費	100,000
給与手取り／月（妻）	80,000	食費	100,000
合計世帯月収	680,000	家賃	180,000
貯蓄／運用		車両費	13,000
普通預金	5,000,000	通信費	35,000
定期預金	0	教育費（子ども費）	30,000
日本株（大手中心）	1,000,000	生命保険（掛け捨て）	20,000
投資信託（年2~4%程度）	1,000,000	交際費・娯楽費	75,000
子ども名義開設		雑費	30,000
資産合計	7,000,000	費用合計／月	583,000

・生命保険は原則掛け捨てに変更、節約を意識しやすい時期ですので少し交際費などは削減しました。
・資産運用は皆無でしたので、変動幅の低い大手株式と安定性の強い債券中心の投資信託に定期預金分だけ変更しました。

今の生活に困っているわけではありませんが、今後の家の購入や教育費を考えていくうえでしっかり計画をしていきたいと考えています。

【状況分析】

・夫の年収1000万前後で、子どもが生まれてお金のことを意識。
・投資は手つかずの状況。
・夫婦で方向性をしっかり決めることが必要。

【アドバイス】

1　共働きの場合、結婚した時点ではお金の問題はないため、子どもの誕生をきっかけにお金のことを考え始めるのが一般的です。ここでまず意識したいのは、奥さまが今後どのような働き方を望むかという点です。収入や働き方の方向性が決まると、ほかのことも決めやすくなります。

2　家計の収支については、そこまで問題はないと思います。この世帯収入であれば、細かい節約はそこまで効果を発揮しません。ギャンブルのように明らかな無駄遣いがあれば別ですが、無理に節約をする必要はないと考えられます。

家族が増えたことで保険の見直しは必要になりますが、住宅を購入するかどうかで必要な保険が変化するため、まずは住居の方向性を決めてから保険を見直すべきです。

3　現在の貯蓄はある程度残しながら、少しずつ投資を始めるのが望ましいです。まずは日本株で大手のものやインデックスファンドを中心に、100万円以内を限度に投資経験を積むのが良いと思います。まとめた資金を投資に回すことに不安が強いのであれば、積立型でコツコツと投資をすることをお勧めします。柔軟性のあるライフプランを構築し、金融知識と経験をこれから数年で身につけていく必要があります。

30代独身女性のケース

【相談内容】

ずっと実家暮らしということもあり、資産運用にはまったく無関心で、とにかく銀行預

【図表28】30代独身女性のケース〈相談前〉

属性	家族構成		
相談者	女性	配偶者	なし(交際相手あり)
年齢	31歳	子ども	なし
職業	会社員	その他扶養家族	なし
住居	実家暮らし		
収入		支出／月	
給与手取り／月(夫)	450,000	生活費	50,000
		食費	50,000
貯蓄／運用		車両費	0
普通預金	10,000,000	通信費	12,000
定期預金	5,000.000	教育費	0
その他運用	0	生命保険等	0
		交際費・娯楽費	70,000
		雑費	50,000
資産合計	15,000,000	費用合計／月	232,000

【図表29】30代独身女性のケース〈相談後〉

収入		支出／月	
給与手取り／月(夫)	450,000	生活費	50,000
		食費	50,000
貯蓄／運用		車両費	0
普通預金	8,000,000	通信費	12,000
定期預金	3,000.000	教育費	0
投資信託(年2~4%程度)	3,000,000		
外貨預金	1,000,000		
その他運用	0	生命保険等	5,000
		交際費・娯楽費	70,000
		雑費	50,000
資産合計	15,000,000	費用合計／月	237,000

・女性としての不安を解消する程度で少しだけ保険に加入しました。
・銀行預金だけなので、3割に満たない程度を投資信託と先進国の外貨に移動しました。

金にしています。実家には家賃兼食費として月5万円入れていますが、それでも月20万円近くは余ります。

貯蓄は銀行の普通預金と窓口で勧められた定期預金のみですので、それなりに貯まってきたものの利息はごくわずかです。

30歳を越え、今お付き合いしている人と結婚を考えているため、将来に向けた資金計画が必要と感じています。

【状況分析】

・実家暮らしのため、資金はそれなりに貯まってきている。
・投資や保険の経験がなく知識もない。
・結婚を人生設計の視野に入れている。

【アドバイス】

1　結婚を視野に入れているのであれば、交際相手と一緒に結婚費用の計画を立てる必要があります。結婚費用については、家族等からの援助やご祝儀を期待できることや、結婚式は予算を柔軟に設定できるため、資産を大きく減らす形には通常ならないと考えられます。

しかしながら実家暮らしが長い分、実家を出たあとの生活にどのくらいお金が掛かるかをしっかり計算する必要があります。この点は交際相手の状況にもよりますが、まずは家賃を世帯収入の3分の1程度までに抑えることが目安となります。

また、子どもができたときの自分の働き方については、どのようなイメージをもっているかをあらかじめパートナーに伝えておいたほうが良いです。

2　現在の収支状況から特段無駄遣いをする生活ではないと推測できます。実家から出たときの生活状況によりますが、よほどのことがない限りしっかりとした収支計画は立てることができるはずです。

今後、家賃以外の支出で増加しそうなのが保険料です。今のところ保険にまったく入っていないので、結婚に合わせて最低限の補償を考慮する必要があります。

3　現在の貯蓄は十分にあるので、つみたてＮＩＳＡを活用してインデックスファンドに投資をし、先進国の外貨預金で為替の変動を少しずつ経験するのが良いと思います。

注意すべきは、これまで投資をしていなかったからといって、焦って投資を行わないことです。年率20%以上の高リスク商品や、暗号資産などに安易にお金を入れてはいけません。

50代会社員夫婦のケース

【相談内容】

規模がそこそこの会社役員をしています。大学生の子どもが二人おり、一人は海外の大学に行っていますが間もなく卒業を迎えます。

資産は親から引き継いだ有価証券と不動産があり、そこからの賃貸収入と配当収入も入ってくる状況ですので、資産や収入に不安は特にありません。

ただ、今の資産を今後家内や子どもに引き継いでいくときに発生する相続税の問題や、リタイア後の生活設計について相談したいです。

【図表30】50代会社員夫婦のケース〈相談前〉

属性	家族構成		
相談者	夫婦	配偶者	あり
年齢	52歳	子ども	二人（22歳、20歳）
職業	会社員	その他扶養家族	なし
住居	戸建て（持ち家）		
収入		支出／月	
給与手取り／月（夫）	2,000,000	生活費	300,000
給与手取り／月（妻）	0	食費	200,000
その他収入	1,500,000	家賃	0
合計世帯月収	3,500,000	車両費	50,000
貯蓄／運用		通信費	50,000
普通預金	30,000,000	教育費	300,000
定期預金	30,000,000	生命保険等	50,000
投資信託	50,000,000	交際費・娯楽費	100,000
株式	50,000,000	雑費	30,000
不動産	200,000,000		
資産合計	360,000,000	費用合計／月	1,080,000

【図表31】50代会社員夫婦のケース〈相談後〉

収入		支出／月	
給与手取り／月（夫）	2,000,000	生活費	200,000
給与手取り／月（妻）	0	食費	150,000
その他収入	1,200,000	家賃	0
合計世帯月収	3,200,000	車両費	50,000
貯蓄／運用		通信費	50,000
普通預金	29,000,000	教育費	0
定期預金	30,000,000	生命保険等	50,000
投資信託（より安定的に）	50,000,000	交際費・娯楽費	100,000
株式（より安定的に）	50,000,000	雑費	30,000
外貨預金（試験的に）	1,000,000		
不動産	200,000,000		
資産合計	360,000,000	費用合計／月	630,000

・子ども独立後の設計なので、費用は大幅に削減されています。
・外貨預金はお試しで、株や投資信託は配当や業種のバランスを見ながら比較的安定的なポートフォリオに変更になりました。
・その分、少し収入は減少となりましたが可処分所得は結果的には増加しました。

【状況分析】

・夫は年収3000万の給与所得と投資による収入があり、かなり裕福な家庭に属する。
・相続財産があることから、資産としては比較的安定的な状況でバランスも悪くない。
・教育費はかなり掛かっているが、独立が間近に迫っているので、子どものことよりも自身たちのことを考えるべきタイミング。

【アドバイス】

1　現状において、資産や収入にまったく不安材料はありません。すでに家もローン返済が終わっている状況ですし、教育費は掛かっているものの、そのほかに大き過ぎる無駄遣いもありません。

できれば資産バランスのなかに海外資産を含めていきたいところですが、年齢を考えると、変動のリスクが気になるため、不安が強いようであれば無理に海外資産を入れる必要はありません。

2　リタイアメント（老後）の設計に関しては、子どもの独立間近のため、残りの教育費を踏まえた設計を行うべき時期に入ってきています。

この場合、まずは公的年金がいくらなのか、民間の保険に個人年金等が含まれているのかを確認し、老後の収入を計算することが大切です。教育費の支払いが終われば出費が少なくなりますので、そのうえで資産バランスを整え、株式をより安全な商品に変更することをお勧めします。

3　最後に相続のお話になりますが、資産の規模からするとある程度相続税の発生は仕方ありません。ただ、流動資産や有価証券が十分にあるので、納税で苦慮することはないと考えられます。

さしあたり一次相続については配偶者控除による節税が可能なので問題ないと思いますが、その後の子どもへの二次相続は今の段階から対策を講じる必要があります。相続税に関する細かい話は税理士への相談が必要になりますが、ご自身で今から対策を考えておくことが大切です。

外部のアドバイザーを活用するメリット

資産バランスを定期的に整え、ライフプランニングの効果を高めていくには、やはり外部のアドバイザーを入れるのが効果的です。ＦＰはまさにライフプランニングのサポートを行う専門家ですから、試しに一度相談してみるだけでも、自分の資産に対するイメージが具体的にもてるようになります。

日本にはさまざまな資格があり、税のことなら税理士、不動産のことなら宅建士、法律のことなら弁護士や司法書士といったように、専門領域が分かれています。しかし、ライフプランニングにおいては、金融や税制、不動産、保険など、さまざまな問題が絡んできます。

こうした領域を幅広く扱っているのがＦＰの特徴です。また、ＦＰのなかには、税理士や弁護士などとネットワークをもつ人が多く、より専門性が高い問題解決のサポートもできます。

問題は、どのようなＦＰを選ぶかという問題です。当然ながらＦＰの資格をもっている人でも知識や経験にバラつきがあり、受けられるサポートに差が出てきます。

一概にはいえませんが、ＦＰとしての経験年数が長い人を選んだほうが高いレベルのサポートを受けられる可能性が高いです。特にライフプランニングにおいては、多様な知識と経験が求められます。そのため、数多くの相談事例に当たった人のほうが、より実践的なアドバイスを期待できるのです。

また、日本では、有益な情報が経験値が高いほうから低いほうへ流れてくる傾向が強いので、経験年数のあるＦＰのほうが、法改正の方向性や有利な金融商品などの情報をいち早くキャッチできます。

次に、ＦＰのなかでも、「独立系ＦＰ」と呼ばれる人に相談をするのがポイントです。独立系ＦＰは、特定の企業などに属することなく、独立した立場で相談者にアドバイスを行います。

一方、企業に属するＦＰは「企業系ＦＰ」などと呼ばれます。企業系ＦＰは自身が所属する会社の保険商品などを提案する立場にあります。そのため、必ずしも顧客にとって最適な提案が行われるわけではありません。

もちろん、企業系ＦＰからも有効なアドバイスは受けられますが、第三者的な立場から幅広い提案を受けられるという意味では、独立系FPがふさわしいといえます。

資格のランクとしては、国家資格としてFP技能士の1級から3級までレベル分けがあります。また、日本FP協会の国際的なFP資格であるCFPという資格があります。

日本FP協会のホームページから「CFP®認定者検索システム」を利用すると、全国のCFP登録者を探すことができます。このシステムでは、所在地や相談内容、性別、年齢などの条件から絞り込めるので、自分に合いそうなCFPを見つけられます。

何よりも大切なのは、アドバイザーとの相性です。その人の性格やコミュニケーションスタイルなどは、実際に話してみないと分かりません。場合によっては、自分と合うFPを見つけるまでに、数人に相談をする必要が出てくると思います。

ライフプランニングは一回きりではなく、生涯を通じて続けていかなくては十分な効果を発揮できません。したがって、自分が抱えている問題や将来への展望を心置きなく打ち明けられる、人生の長きにわたって付き合えるFPを見つけることが非常に大切です。

私の会社でも多くのFP資格取得者をそろえ、周囲にも連携している士業がたくさんいます。また、パーソナルバンカークラブ（PBC）という情報を取得できるサービスも展開し、オンラインサロンと連携をしていますが、登録自体はLINEのアカウントの登録のみで行うこともできます。そこから相談を随時行えることが可能なしくみをつくっています。

おわりに

日本という国の先行きを考えると、悲観したくなる要因が溢れています。

日本は20世紀までの成長する国から成熟した国にシフトし、今後は少子高齢化等に伴う衰退を避けられません。もはや国や会社に依存していく時代ではなく、個人で自立していく時代へと変化を遂げたといえます。

そうしたなか、不安を抱えながらも、行動を変えることなくこれまでと同じ生活を繰り返している人が少なくありません。これは人に言われたことをしていればいいという旧来の教育の弊害によるものと考えられます。

しかし、社会が敷いたレールを歩いているだけでは、経済的な不安から逃れることは不可能です。国や会社が個人の人生を保証してくれるわけではないので、自らが主体的に考え、行動しなくてはいけません。

このような時代の変化は、悪いことばかりではないと思います。前向きにとらえれば、自ら知識を身につけて行動をした人は、明るい未来を描けるからです。政府は国民の投資を後押ししてさまざまな制度を打ち出しており、副業解禁などで収入を増やす手段も増えてきています。

お金に関する選択肢が増えた時代に入り、これからますます個人のライフプランニングの必要性が高まることは明らかです。自分が思い描く未来を見据え、預金から外貨や外国株式にシフトさせる。そのようなちょっとした行動の差が、将来を大きく左右します。

どんな人でも、最低限のマネーリテラシーを身につけたうえで、ＦＰのサポートを受けることでより豊かな人生を送れるようになると確信しています。

日本に住む多くの人がお金の不安を解消すれば、日本全体の経済発展につながります。さらには次世代にもライフプランの重要性を伝えていくことが、今後の日本を成長させるために欠かせない要素であることは間違いありません。

この本を読んだ方がより良い人生を築き、ともにこの時代を楽しめる人が一人でも増えることを、心から願っています。

DragonBlood 株式会社
代表取締役　永田智睦

【著者プロフィール】

永田智睦（ながた・ともちか）

愛知大学法学部法学科卒業。FP1級技能士、日本FP協会CFP認定者。新卒で信用金庫に入社し、約6年個人法人の営業として勤務。退社後、28歳で上京。独立系FP事務所を開業。個人で2年間事業を行い、周囲の勧めもあり法人化を決意。DragonBlood株式会社を設立。個人向けの資産コンサルティング、オンラインサロン、金融知識のトレーニング事業を中心に、中小企業においての財務コンサルティングも多く行っている。フィリピン不動産を取り扱うAPI Gateway株式会社代表取締役。未来の起業家を育てる教育プログラム「CEOキッズアカデミー」の講師も務める。

先進的なFPとしてのコンサルティングを行うべく、国内外の情報を多く取り入れ、国や会社が信頼できない時代に頼られる、「顧客と共に未来へ歩んでゆける会社」を目指したいと考える。

本書についての
ご意見・ご感想はコチラ

脱・高収入貧乏

2023年1月27日　第1刷発行

著　者　　永田智睦
発行人　　久保田貴幸

発行元　　株式会社 幻冬舎メディアコンサルティング
〒151-0051　東京都渋谷区千駄ヶ谷4-9-7
電話　03-5411-6440（編集）

発売元　　株式会社 幻冬舎
〒151-0051　東京都渋谷区千駄ヶ谷4-9-7
電話　03-5411-6222（営業）

印刷・製本　中央精版印刷株式会社
装　丁　　鳥屋菜々子
装　画　　橋本沙和

検印廃止

ISBN 978-4-344-94121-2 C0033
幻冬舎メディアコンサルティングＨＰ
https://www.gentosha-mc.com/